教育部中外语言交流合作中心国际中文教育创新项目

"一带一路"背景下中塞"中文＋工程专业"特色发展项目

项目编号：21YH044CX5

机械工程汉语综合教程

姜永超　丛　鑫　主编

燕山大学出版社

·秦皇岛·

图书在版编目（CIP）数据

机械工程汉语综合教程 / 姜永超，丛鑫主编.

秦皇岛：燕山大学出版社，2024．12． -- ISBN 978-7
-5761-0761-6

Ⅰ．H195.4

中国国家版本馆 CIP 数据核字第 2024MS4796 号

机械工程汉语综合教程
JIXIE GONGCHENG HANYU ZONGHE JIAOCHENG
姜永超　丛　鑫　主编

出　版　人：陈　玉
责任编辑：臧晨露　　　　　　　　　策划编辑：臧晨露
责任印制：吴　波　　　　　　　　　封面设计：刘馨泽
出版发行：燕山大学出版社
地　　　址：河北省秦皇岛市河北大街西段 438 号　　电　　话：0335-8387555
　　　　　　　　　　　　　　　　　　　　　　　　邮政编码：066004
印　　　刷：涿州市般润文化传播有限公司　　　　　经　　销：全国新华书店

开　　本：787 mm×1092 mm　　1/16　　　印　　张：12　　字　　数：200 千字
版　　次：2024 年 12 月第 1 版　　　　　印　　次：2024 年 12 月第 1 次印刷
书　　号：ISBN 978-7-5761-0761-6
定　　价：98.00 元

编委会成员

（按照姓氏拼音首字母排序）

陈　静　丛　鑫　董雪松　高迎泽

贾泽珊　姜若宁　姜永超　李　环

宋梦潇　吴昕羽　徐　敏　张　舒

张文莉　张　妍　郑梅

前 言

随着全球化的不断深入，跨文化交流日益频繁，语言作为沟通的桥梁，其重要性日益凸显。在此背景下，中文作为世界上使用人数众多的语言之一，其教育和推广受到了国际社会的广泛关注。本系列教材的出版，正是响应了这一时代需求，旨在为"一带一路"共建国家的专业人才，特别是机械工程领域的专业人士，提供高质量的中文教育资源。

本套教材主要以河钢集团与塞尔维亚斯梅代雷沃钢厂为交流环境，包括《机械工程汉语340句》《机械工程汉语综合教程》两种教材。该套教材系国际中文教育创新项目"'一带一路'背景下中塞'中文+工程专业'特色发展项目"（21YH044CX5）的成果之一。

本书为《机械工程汉语综合教程》，包括时间、车间、应聘、培训、考勤、工作变动、机械维修、操作、产品、工具、材料、产品销售、采购、工程产品验收、招聘与应聘、公司制度等与机械工程相关的主题或场景。《机械工程汉语综合教程》每课包括对话、词语、注释、语法、练习五个部分。

本套教材主要包括机械工程专业词语和常用词语。机械工程专业词语体现教材的机械工程主题特点，常用词语满足口语交际或交流需要。本套教材的专业词语来源于《机械专业术语（大全）》（前述项目研究成果之一），常用词语来源于《国际中文教育中文水平等级标准》（GF 0025—2021）。在编写过程中，尽量使用不超过《国际中文教育中文水平等级标准》三级词汇表，即"6.1一级词汇表""6.2二级词汇表""6.3三级词汇表"中的词语。在上述词汇表的基础上编写句子、对话等，注意常用词的复现。本套教材的语法主要来源于《国际中文教育中文水平等级标准》，把其中三级语言点"【三81】X什么（啊）"之前的语法点作为两套教材的语法点编写句子或对话，内容存在适量超纲。本套教材均采用"中文+英文"双语对应形式，英文内容为中文内容的翻译。在分词和拼音标准方面，本套教材的句子均作了分词处理，即词与词之间用空格隔开，分词标准以《现代汉语词典》（第7版）为主。本套教材拼音标准有四：第一，拼音大小写标准。每个句子的第一个字母、人名、地名、国名大写，其他字母小写。第二，拼音标调标准。声调标在相应的元音字母上。第三，拼音与词对应标准。第四，本套教材均采用汉字在上、拼音在下的标准。

在教材的编写过程中，我们始终坚持以下几个原则。第一，专业性原则。确保教材内容的专业性和权威性，使学习者能够学到最准确、最常用的机械工程专业汉语知识。第二，实用性原则。注重教材的实用性，通过情景模拟、对话练习等方式，提高学习者的语言运用能力。第三，系统性原则。教材内容编排合理，由浅入深，循序渐进，确保学习者能够系统地掌握知识。第四，文化性原则。在传授语言知识的同时，注重文化元素的融入，使学习者在学习语言的过程中，也能够了解和感受文化的魅力。

本套教材的两种书之间的关系及使用建议：本套教材以中塞合作中的工作汉语需求为背景，注重口语与实践相结合，突出场景和主题。《机械工程汉语340句》中每个主题包括20个句子；《机械工程汉语综合教程》中每课基本设置了两个对话，同一主题的对话中，尽量使用《机械工程汉语340句》的主题句。也就是说，《机械工程汉语340句》和《机械工程汉语综合教程》两套教材的主题或场景基本对应。

本系列教材是集体智慧的结晶。在此，特别感谢燕山大学文法学院（公共管理学院）的教师和研究生们的辛勤工作和无私奉献。他们的专业知识、教育热情和创新精神，为本教材的编写提供了坚实的基础。特别是徐敏、高迎泽、张文莉、董雪松、郑梅、张舒、张妍等老师，他们的专业指导和建议，对教材的质量提升起到了关键作用。此外，2021级与2022级国际中文教育硕士研究生姜若宁、李环、吴昕羽、贾泽珊，在教材编写、校对、配图和定稿等环节中发挥了重要作用。他们的积极参与和富有创造性的工作，为本教材的丰富性和生动性增添了光彩。

　　在教材及项目推进过程中，燕山大学社会科学处、燕山大学文法学院（公共管理学院）、燕山大学出版社给予了大量帮助，在此一并致谢！

目 录 *CONTENTS*

第 一 课 时间：你在钢厂工作几年啦？ | 01

第 二 课 时间：请问我的货物最快几天能够送达？ | 11

第 三 课 车间：欢迎你来车间参观 | 21

第 四 课 应聘：你是应聘哪个岗位的？ | 31

第 五 课 培训：你们培训的内容是什么？ | 44

第 六 课 考勤：上班要打卡 | 54

第 七 课 工作变动：我被调到管理岗了 | 64

第 八 课 机械维修：这台机器为什么启动不了？ | 75

第 九 课 操作：请问工程机械设备应该怎么操作？ | 84

第 十 课 产品：展览厅里有什么？ | 100

第十一课 工具：你可以向我介绍一下这些机械工具吗？ | 110

第十二课 材料：如何让钢材有更好的韧性？ | 123

第十三课 产品销售：虽然有点儿贵，但是必须买 | 134

第十四课 采购：工程产品采购流程是什么？ | 145

第十五课 工程产品验收：完成工程产品验收，汇报验收结果 | 152

第十六课 招聘与应聘：我们销售岗位的招聘条件您了解吗？ | 162

第十七课 公司制度：只有牢记公司制度，才能安全生产 | 172

课文一 Text 1
（在 去 公司 的 路上）
（Zài qù gōngsī de lùshang）

A：你好！

A：Nǐ hǎo!

B：你好！

B：Nǐ hǎo!

A：我 叫 成龙，我 来自 中国。

A：Wǒ jiào Chéng Lóng, wǒ láizì Zhōngguó.

B：我 叫 何赛，我 是 塞尔维亚 人。欢迎 你 来 斯梅代雷沃 钢厂 工作。

B：Wǒ jiào Hé Sài, wǒ shì Sāiěrwéiyà rén. Huānyíng nǐ lái Sīméidàiléiwò gāngchǎng gōngzuò.

A：谢谢，你 在 钢厂 工作 几年 啦？

A：Xièxie, nǐ zài gāngchǎng gōngzuò jǐ nián la?

B：五年 啦，你呢？

B：Wǔ nián la, nǐ ne?

A：去年 公司 派 我 到 这里 工作，两 年 啦，你的 朋友 呢？

A：Qùnián gōngsī pài wǒ dào zhèlǐ gōngzuò, liǎng nián la, nǐ de péngyou ne?

B：我的 朋友 也 工作 五年 啦。自从 高中 毕业，我们 一直 在 这个

B：Wǒ de péngyou yě gōngzuò wǔ nián la. Zìcóng gāozhōng bìyè, wǒmen yīzhí zài zhège

公司 工作。

gōngsī gōngzuò.

1

A：太好啦！还请你多 帮助。

A：Tài hǎo la! Hái qǐng nǐ duō bāngzhù.

B：有 什么问题，随时和我 联系。

B：Yǒu shénme wèntí, suíshí hé wǒ liánxì.

A：谢谢！

A：Xièxie!

B：不 客气。

B：Bù kèqi.

课文二 Text 2
（在 电话 中）
（ Zài diànhuà zhōng ）

A：你好，是 斯梅代雷沃 钢厂 吗？

A：Nǐ hǎo, shì Sīméidàiléiwò gāngchǎng ma?

B：你 好，是 的，你 有 什么 问题？

B：Nǐ hǎo,　shìde,　nǐ yǒu shénme wèntí?

A：我 是 河钢 集团 的 成龙，我 想 了解 一下 你们 公司 的 情况。

A：Wǒ shì Hégāng jítuán de Chéng Lóng, wǒ xiǎng liǎojiě yīxià　nǐmen gōngsī de qíngkuàng.

B：谢谢 联系 我们，你 有 什么 问题？

B：Xièxie liánxì wǒmen,　nǐ yǒu shénme wèntí?

A：你们 公司 是 什么 时间 成立 的？

A：Nǐmen gōngsī shì shénme shíjiān chénglì de?

B：我们 公司 是 在 一九一三 年 成立 的，你们 的 公司 呢？

B：Wǒmen gōngsī shì zài　yījiǔyīsān　nián chénglì de,　nǐmen de gōngsī ne?

A：我们 公司 是 在 二〇〇八 年 成立 的。你们 公司 是 什么 时间 与

A：Wǒmen gōngsī shì zài èrlínglíngbā nián chénglì de.　Nǐmen gōngsī shì shénme shíjiān yǔ

我们 建立 联系 的？

wǒmen jiànlì　liánxì　de?

B：我们 公司 是 在 二〇一六 年 与 中国 河钢 集团 建立 联系 的。

B：Wǒmen gōngsī shì zài èrlíngyīliù　nián yǔ zhōngguó Hégāng jítuán　jiànlì liánxì de.

A：谢谢 你。

A：Xièxie nǐ.

B：不 客气。

B：Bù kèqi.

词语
Words

专业词语	拼音	词性	英语
斯梅代雷沃钢厂	sīméidàiléiwògāngchǎng	*n.*	Smederevo Steel Mill
公司	gōngsī	*n.*	company
工作	gōngzuò	*v.*	work
联系	liánxì	*v./n.*	contact
河钢集团	hégāngjítuán	*n.*	HBIS Group

常用词语	拼音	词性	英语
欢迎	huānyíng	*v.*	welcome
钢厂	gāngchǎng	*n.*	steel mill
去年	qùnián	*n.*	last year
派	pài	*v.*	assign
毕业	bìyè	*v.*	graduate
一直	yīzhí	*adv.*	always
帮助	bāngzhù	*v.*	help
问题	wèntí	*n.*	question
随时	suíshí	*adv.*	at any time
了解	liǎojiě	*v.*	understand
成立	chénglì	*v.*	establish
建立	jiànlì	*v.*	set up

注释
Notes

1. 你好；hello

礼貌用语，见面时打招呼用。对比自己年龄大或者地位高的人，常说"您好"，对方的回答也多是"你好"或"您好"。

"你好(hello)" is a polite greeting used when meeting others. It is particularly appropriate when addressing individuals who are older or of higher social status. In response, the other person typically replies with "hi" or "hello".

2. 欢迎；welcome

当新客户、合作伙伴或员工第一次来访时，用"欢迎"表示热情和尊重，对方多回答"谢谢"。

When new customers, partners, or employees visit for the first time, "welcome" is used to express warmth and respect, to which the other party often responds with "thanks".

语法
Grammar

一、疑问助词"呢"；the interrogative particle "呢"

疑问助词"呢"用在名词或代词后构成疑问句，用于询问上文提到的情况。常用的句式是：A……，B呢？

The interrogative particle "呢" is used after a noun or pronoun to form a question that inquires about a situation mentioned previously. A common sentence pattern is "A……，B呢？" (which can be translated as "A..., how about B?")

（1）我在这里工作两年了，你呢？

（2）我们公司是在2008年成立的，你们公司呢？

（3）我没有什么问题了，你呢？

二、兼语句；pivotal construction

兼语句的谓语是由两个动词短语组成的，前一个动词的宾语是第二个动词的主语。前一个动词常常是"请、让、叫、派"等。

The predicate of a pivotal construction is composed of two verb phrases, where the object of the first verb serves as the subject of the second verb. Common verbs in the first position include " invite, let, ask, assign" and so on.

（1）公司派我到这里工作。

（2）老板让工程师去办公室。

（3）他叫我打电话咨询贵公司。

练习
Practices

1. 正确朗读下列句子。Read the following sentences correctly.

（1）我叫成龙，我来自中国。

（2）我叫何赛，我是塞尔维亚人。

（3）欢迎你来斯梅代雷沃钢厂工作。

（4）你在钢厂工作几年啦？

（5）去年公司派我到这里工作。

（6）有什么问题，随时和我联系。

（7）我想了解一下你们公司的情况。

（8）你们公司是什么时间成立的？

（9）我们公司是二〇〇八年成立的。

2. 画线部分替换练习。Please replace the underlined part with the words given.

（1）我叫何赛，我是塞尔维亚人。

成龙	中国人
吴娜娜	意大利人
约翰	美国人

（2）你在这里工作几年啦？

那里

中国

塞尔维亚

（3）我们一直在这个公司工作。

钢厂

包装车间

机械厂

（4）你好，是<u>斯梅代雷沃钢厂</u>吗？

技术公司

中国公司

李华

（5）我想了解一下<u>你们公司</u>的情况。

你们国家

公司生产

工作

（6）<u>你们公司</u>是什么时间成立的？

技术公司

机械厂

你的公司

3. 用课文一和课文二的结构，根据实际情况做替换对话练习。Use the structure of Text 1 and Text 2, do replacement dialogues according to the actual situation.

Time: How many years have you been working at the steel mill?

Text 1: On the way to the company

A: Hello!

B: Hello!

A: My name is Cheng Long and I'm from China.

B: My name is He Sai, and I'm Serbian. Welcome to work at the Smederevo Steel Mill.

A: Thank you. How many years have you been working at the steel mill?

B: Five years. How about you?

A: The company assign me to work here last year, and it's been two years. What about your friend?

B: My friend has been working for five years, too. We have been working in this company since we graduated from high school.

A: Great! I hope you can help me a lot.

B: If you have any questions, please feel free to contact me at any time.

A: Thank you!

B: You're welcome.

Text 2: On the phone

A: Hello, is this the Smederevo Steel Mill?

B: Hello, yes. How can I help you?

A: This is Cheng Long from HBIS Group. I'd like to know something about your company.

B: Thanks for contacting us. What would you like to know?

A: When was your company established?

B: Our company was established in 1913. What about yours?

A: Our company was established in 2008. When did your company establish contact with us?

B: Our company established contact with HBIS Group in 2016.

A: Thank you.

B: You're welcome.

第二课

时间：请问 我 的 货物 最快 几 天 能够 送达？

Shí jiān : qǐngwèn wǒ de huòwù zuì kuài jǐ tiān nénggòu sòngdá?

课文一 Text 1
（在 办公室）
（ Zài bàngōngshì ）

A：你好，我 是 何赛！

A：Nǐ hǎo, wǒ shì Hé Sài!

B：你好 何赛，我 是 成龙， 欢迎 来到 河钢 集团！

B：Nǐ hǎo Hé Sài, wǒ shì Chéng Lóng, huānyíng láidào Hégāng jítuán!

A：谢谢！很 高兴 来到 这里。

A：Xièxie! Hěn gāoxìng láidào zhèlǐ.

B：你 是 什么 时候 来 公司 的？

B：Nǐ shì shénme shíhou lái gōngsī de?

A：我 昨天 刚 来。

A：Wǒ zuótiān gāng lái.

B：好的，我 向 你 介绍 一下 公司 情况。 我们 公司 成立 于 二〇〇八

B：Hǎode, wǒ xiàng nǐ jièshào yīxià gōngsī qíngkuàng. Wǒmen gōngsī chénglì yú èrlínglíngbā

年，在 二〇一六年 与 斯梅代雷沃 钢厂 建立 联系。我们 每 周 工作

nián, zài èrlíngyīliù nián yǔ Sīméidàiléiwò gāngchǎng jiànlì lián xì. Wǒmen měi zhōu gōngzuò

五 天，周末 休息，到 年底 会 有点儿 忙。

wǔ tiān, zhōumò xiūxi, dào niándǐ huì yǒudiǎnr máng.

A：请问 平时 会 加班 吗？

A：Qǐngwèn píngshí huì jiābān ma?

B：一般 不会，如果 需要 签订 合同，可能 会 晚点 下班。

B：Yībān bùhuì， rúguǒ xūyào qiāndìng hétóng， kěnéng huì wǎndiǎn xiàbān.

A：好的，我 明白了。

A：Hǎode， wǒ míngbaile.

B：从 今天起，你 就是 公司 的一员 了。

B：Cóng jīntiān qǐ， nǐ jiù shì gōngsī de yīyuán le.

A：很 高兴 能和大家 一起 工作。

A：Hěn gāoxìng néng hé dàjiā yīqǐ gōngzuò.

B：对了，下周一是 公司 成立 五 周年 纪念日，欢迎 你 过来。

B：Duìle， xià zhōuyī shì gōngsī chénglì wǔ zhōunián jìniànrì， huānyíng nǐ guòlai.

A：谢谢，我 会 按时 过来 的。

A：Xièxie， wǒ huì ànshí guòlai de.

B：希望 你 在 这里 工作 顺利。

B：Xīwàng nǐ zài zhèlǐ gōngzuò shùnlì.

A：谢谢 你。

A：Xièxie nǐ.

课文二 Text 2
（在 电话 中）
（Zài diànhuà zhōng）

A：你好，请问 是 河钢 集团 销售处 吗？

A：Nǐ hǎo, qǐngwèn shì Hégāng jítuán xiāoshòuchù ma?

B：你好，是的，请问 您是？

B：Nǐ hǎo, shìde, qǐngwèn nín shì?

A： 我　刚刚　从　你们　公司　网站　订购了十吨　无缝　钢管　和五吨

A： Wǒ gānggāng cóng nǐmen gōngsī wǎngzhàn dìnggòu le shí dūn wúfèng gāngguǎn hé wǔ dūn

焊接　钢管，　请问　什么　时候　能　发货　呢？

hànjiē gāngguǎn, qǐngwèn shénme shíhou néng fāhuò ne?

B： 我会　马上　通知　仓库　备货，预计　明天　早上　十点就可以发货。

B： Wǒ huì mǎshàng tōngzhī cāngkù bèihuò, yùjì míngtiān zǎoshang shí diǎn jiù kěyǐ fāhuò.

A： 好的。

A： Hǎode.

B： 请问　您在哪个　城市　呢？

B： Qǐngwèn nín zài nǎge chéngshì ne?

A： 山东　　省　青岛市。请问我的货物　最快几天　能够　送达呢？

A： Shāndōng shěng qīngdǎo shì. Qǐngwèn wǒ de huòwù zuì kuài jǐ tiān nénggòu sòngdá ne?

B： 一般　情况　下，三到五天就可以　送到　青岛，预计　最迟本周

B： Yībān qíngkuàng xià, sān dào wǔ tiān jiù kěyǐ sòngdào qīngdǎo, yùjì zuì chí běn zhōu

周末　就会　送达。

zhōumò jiù huì sòngdá.

A： 我这批货非常　着急，因为下周　项目　就要　开工，所以请您一定

A： Wǒ zhè pī huò fēicháng zháojí, yīnwèi xià zhōu xiàngmù jiù yào kāigōng, suǒyǐ qǐng nín yīdìng

要按时　交付。

yào ànshí jiāofù.

B： 您放心，我们　公司的货物从来　都是按时安全　送达的。

B： Nín fàngxīn, wǒmen gōngsī de huòwù cónglái dōushì ànshí ānquán sòngdá de.

A： 好的，　谢谢你。

A： Hǎode, xièxie nǐ.

B： 不客气。

B： Bù kèqi.

词语
Words

专业词语	拼音	词性	英语
合同	hétóng	*n.*	contract
纪念日	jìniànrì	*n.*	anniversary
网站	wǎngzhàn	*n.*	website
无缝钢管	wúfènggāngguǎn	*n.*	seamless steel pipe
焊接钢管	hànjiēgāngguǎn	*n.*	welded steel pipe
仓库	cāngkù	*n.*	storehouse
项目	xiàngmù	*n.*	project

常用词语	拼音	词性	英语
周末	zhōumò	*n.*	weekend
年底	niándǐ	*n.*	end of the year
加班	jiābān	*v.*	work overtime
签订	qiāndìng	*v.*	sign
按时	ànshí	*adv.*	on time
顺利	shùnlì	*adv.*	smoothly
马上	mǎshàng	*adv.*	immediately
货物	huòwù	*n.*	goods

注释
Notes

1. 有点儿；a little

副词，表示程度不高，稍微（多用于不如意的事情）。比如：有点儿累、有点儿不开心。

Adverb, indicating a small degree or slight extent (often used for things that are less than ideal). For example: a little tired, a little unhappy.

2. 一般情况下；in general

在中文中用来指大多数情况或典型情况，意味着在非特殊情况或例外的情况下的常规状态或行为模式。"一般情况下"是对常规情况的描述，而不是对所有可能情况的绝对声明。

In Chinese, this phrase is used to refer to the majority of cases or typical situations. It implies a regular state or pattern of behavior in the absence of special circumstances or exceptions. It describes what is typical or normal, rather than an absolute statement about all possible cases.

语法
Grammar

一、代词"每"；the pronoun "every"

"每"的后边是量词，指全体中的任何一个或一组。比如：每天、每年、每个月、每个星期。

The word "每(every)" is followed by a measure word, referring to any single one or group within the whole. For example: every day, every year, every month, every week.

（1）你每周工作几天？

（2）他每个周末都加班吗？

（3）何赛每年都去中国交流经验。

二、关联词"因为……，所以……"；the correlative word "because..., so..." *

用于连接两个表示因果关系的分句，前一个分句表示原因，后一个分句表示结果。使用时可以成对出现，也可以省略其中一个。

It is used to connect two clauses that express a cause-and-effect relationship, with the first clause indicating the cause and the second clause indicating the result. The structure can be used as a pair or with one part omitted.

（1）他因为生病了，所以昨天提前下班了。

（2）因为项目马上开工了，请您一定要按时交付产品。

（3）年底很忙，所以我们会晚点下班。

*注：英语中because与so不连用，此处翻译仅为方便理解。

练习
Practices

1. 画线部分替换练习。Please replace the underlined part with the words given.

（1）你是什么时候来<u>公司</u>的？

学校

这里

中国

（2）<u>从今天起</u>，你就是<u>公司</u>的<u>一员</u>了。

现在　　我　　　成年人

明天　　李华　　老板

下周　　公司　　五点下班

（3）<u>我</u>可能会<u>晚点下班</u>。

他　　　　迟到

今天　　　下雨

老师　　　伤心

（4）<u>货物</u> <u>三</u>到<u>五</u>天就可以<u>送到青岛</u>。

我　　两　三　　做完作业

公司　五　六　　做完项目

他　　七　八　　到达上海

（5）请问是<u>河钢集团销售处</u>吗？

　　　　医院

　　　机械厂

　　　钢厂

（6）请问我的<u>货物</u>最快几天能够送达？

　　　衣服

　　　钢管

　　　机器

2. 用合适的词语填空。Fill in the blanks with the proper words.

（1）他昨天生病了，＿＿＿＿＿没去公司。

（2）＿＿＿＿＿原料价格上涨，所以产品更贵了。

（3）因为钢厂采用了先进的自动化技术，＿＿＿＿＿生产效率大大提高。

（4）＿＿＿＿＿年底很忙，所以最近他每周末都在加班。

（5）这批货物对我很重要，＿＿＿＿＿请您一定要按时交付。

3. 用课文一和对课文二的结构，根据实际情况做替换对话练习。Use the structure of Text 1 and Text 2, do replacement dialogues according to the actual situation.

Time: How soon can my goods be delivered?

Text 1: In the office

A: Hi, I'm He Sai!

B: Hello, He Sai. I'm Cheng Long. Welcome to HBIS Group!

A: Thank you! Glad to be here.

B: When did you come to the company?

A: I just arrived yesterday.

B: OK, let me introduce the company to you. Our company was founded in 2008 and we associated with Smederevo Steel Mill in 2016. We work five days a week and have weekends off, but things get a bit busy toward the end of the year.

A: Do you work overtime during the week?

B: Not usually, but if a contract needs to be signed, you might have to stay late at work.

A: Yes, I understand.

B: From now on, you are part of the company.

A: It's great to be working with you all.

B: By the way, next Monday is the fifth anniversary of the company. You are welcome to attend.

A: Thanks, I'll be here on time.

B: I hope everything goes well with your work here.

A: Thank you.

Text 2: On the phone

A: Hello, is that HBIS Group Sales Office?

B: Hello, yes, who is speaking?

A: I just ordered a batch of 10 tons of seamless steel pipes and 5 tons of welded steel pipes from your company's website. When can you deliver them?

B: I will notify the warehouse to prepare the goods immediately. They are expected to be delivered by 10 am tomorrow.

A: OK.

B: Which city are you in?

A: Qingdao, Shandong Province. How soon can my goods arrive?

B: Generally, it takes 3 to 5 days to reach Qingdao, so they should be delivered by the end of this week at latest.

A: I am very anxious about this batch of goods because the project is starting next week. Please don't delay!

B: Don't worry, we have always delivered on time and safely.

A: OK, thank you.

B: You're welcome.

第三课

车间：欢迎 你来 车间 参观

Chējiān: huānyíng nǐ lái chējiān cānguān

课文一 Text 1
（在 车间 里）
（Zài chējiān lǐ）

A： 你好，我是李华，本次 参观 活动 的 负责人。请问你是科瓦契吗？

A： Nǐ hǎo, wǒ shì Lǐ Huá, běn cì cānguān huódòng de fùzérén. Qǐngwèn nǐ shì Kēwǎqì ma?

B： 李 华 你好，我是 科瓦契，公司 新来 的 实习生，我 今天来 参观

B： Lǐ Huá nǐ hǎo, wǒ shì Kēwǎqì, gōngsī xīn lái de shíxíshēng, wǒ jīntiān lái cānguān

工厂 车间。

gōngchǎng chējiān.

A： 欢迎 你来 车间 参观，很 高兴 能 为 你介绍 车间的 构成 和

A： Huānyíng nǐ lái chējiān cānguān, hěn gāoxìng néng wèi nǐ jièshào chējiān de gòuchéng hé

主要 工作。

zhǔyào gōngzuò.

A： 在 正式 开始 参观 前，我们 需要 戴上 安全帽 并 穿上

A： Zài zhèngshì kāishǐ cānguān qián, wǒmen xūyào dàishang ānquánmào bìng chuānshang

工作服。

gōngzuòfú.

B： 请问 一定 要 戴 安全帽 吗？

B： Qǐngwèn yīdìng yào dài ānquánmào ma?

A： 是的，为了 保证 安全，工厂 要求 所有 员工 必须 穿戴 安全

A： Shìde, wèile bǎozhèng ānquán, gōngchǎng yāoqiú suǒyǒu yuángōng bìxū chuāndài ānquán

装备。

zhuāngbèi.

B: 好的，我 明白了。

B: Hǎode, wǒ míngbaile.

A: 这次 参观 大概 需要 一个 小时，我们 从 这里 开始。如果 有 任何

A: Zhè cì cānguān dàgài xūyào yī gè xiǎoshí, wǒmen cóng zhèlǐ kāishǐ. Rúguǒ yǒu rènhé

问题，您 可以 随时 打断 我。

wèntí, nín kěyǐ suíshí dǎduàn wǒ.

B: 这里 是 哪里？

B: Zhèlǐ shì nǎlǐ?

A: 这里 是 车间 的 办公区，所有的 行政 部门 都 在 这儿，包括

A: Zhèlǐ shì chējiān de bàngōngqū, suǒyǒu de xíngzhèng bùmén dōu zài zhèr, bāokuò

销售 部、会计部、人事部、市场 调查部、质量 检查 部 等。

xiāoshòu bù, kuàijì bù, rénshì bù, shìchǎng diàochá bù, zhìliàng jiǎnchá bù děng.

B: 质量 检查 部 主要 负责 什么 工作 呢？

B: Zhìliàng jiǎnchá bù zhǔyào fùzé shénme gōngzuò ne?

A: 主要 负责 检查 我们 公司 生产 产品 的 质量。

A: Zhǔyào fùzé jiǎnchá wǒmen gōngsī shēngchǎn chǎnpǐn de zhìliàng.

B: 我 想 看看 工厂 的 主要 车间，可以 吗？

B: Wǒ xiǎng kànkan gōngchǎng de zhǔyào chējiān, kěyǐ ma?

A: 当然，生产 车间 是 工厂 的 主要 车间，它 位于 办公区 的

A: Dāngrán, shēngchǎn chējiān shì gōngchǎng de zhǔyào chējiān, tā wèiyú bàngōngqū de

东边，请 跟 我 往 这边 走。

dōngbian, qǐng gēn wǒ wǎng zhèbian zǒu.

B：好，谢谢。

B：Hǎo, xièxie.

课文二 Text 2
（在 生产 车间 里）
（Zài shēngchǎn chējiān lǐ）

A：这里 就 是 生产 车间，公司 大 部分 的 产品 从 这里 生产 出来。

A：Zhèlǐ jiù shì shēngchǎn chējiān, gōngsī dà bùfen de chǎnpǐn cóng zhèlǐ shēngchǎn chūlái.

B：我们 车间 主要 生产 的 产品 是 什么 呢？

B：Wǒmen chējiān zhǔyào shēngchǎn de chǎnpǐn shì shénme ne?

A：车间 主要 生产 轴承钢、 齿轮钢、 弹簧钢、 合金 结构钢

A：Chējiān zhǔyào shēngchǎn Zhóuchénggāng, Chǐlúngāng, Tánhuánggāng, Héjīn jiégòugāng

等 产品。我们 的 产品 畅销 国内外，深受 客户 欢迎。

děng chǎnpǐn. Wǒmen de chǎnpǐn chàngxiāo guónèiwài, shēnshòu kèhù huānyíng.

B：生产 这些 产品 需要 经过 哪些 流程？

B：Shēngchǎn zhèxiē chǎnpǐn xūyào jīngguò nǎxiē liúchéng?

A：制作 成品 钢材 需要经过 烧结、炼铁、炼钢、 轧钢 等 流程。

A：Zhìzuò chéngpǐn gāngcái xūyào jīngguò shāojié, liàntiě, liàngāng, zhágāng děng liúchéng.

B：这样 啊，那么 这个 车间 有 多少 人呢？

B：Zhèyàng a, nàme zhège chējiān yǒu duōshǎo rén ne?

A：这个 车间 大约 有一百 位 员工， 包括 生产线 工人、 维修工

A：Zhège chējiān dàyuē yǒu yībǎi wèi yuángōng, bāokuò shēngchǎnxiàn gōngrén, wéixiūgōng

和 质量 检查 人员。

hé zhìliàng jiǎnchá rényuán.

B：这里 有 轧钢 生产 设备 吗？

B：Zhèlǐ yǒu zhágāng shēngchǎn shèbèi ma?

A：有啊， 请跟我来看。我们 车间 的主要机器 包括 一台 废钢 破碎机，

A：Yǒu a, qǐng gēn wǒ lái kàn. Wǒmen chējiān de zhǔyào jīqì bāokuò yī tái fèigāng pòsuìjī,

两 台 废钢 剪切机，四台 精炼炉、大棒、 中棒、 小棒、高速 线材，

liǎng tái fèigāng jiǎnqiējī, sì tái jīngliànlú, dàbàng, zhōngbàng, xiǎobàng, gāosù xiàncái,

四条 轧钢 生产 设备和多套 精整 系统。随着 钢厂 的设备

sì tiáo zhágāng shēngchǎn shèbèi hé duō tào jīngzhěng xìtǒng. Suízhe gāngchǎng de shèbèi

升级，车间 的机械 设备 越来越 先进。

shēngjí, chējiān de jīxiè shèbèi yuèláiyuè xiānjìn.

B：我可以拍一些 照片 发给其他的 同事 吗？

B：Wǒ kěyǐ pāi yīxiē zhàopiàn fāgěi qítā de tóngshì ma?

A：当然 可以。

A：Dāngrán kěyǐ.

B：非常 感谢。

B：Fēicháng gǎnxiè.

词语
Words

专业词语	拼音	词性	英语
工厂	gōngchǎng	*n.*	factory
车间	chējiān	*n.*	workshop
安全帽	ānquán mào	*n.*	safety helmet
会计	kuàijì	*n.*	accounting
质量	zhìliàng	*n.*	quality
生产	shēngchǎn	*v.*	produce
产品	chǎnpǐn	*n.*	product
轴承钢	zhóuchénggāng	*n.*	bearing steel
流程	liúchéng	*n.*	process
钢材	gāngcái	*n.*	steel product
轧钢	zhágāng	*n.*	steel rolling
生产线	shēngchǎnxiàn	*n.*	production line
机器	jīqì	*n.*	machine

常用词语	拼音	词性	英语
参观	cānguān	*v.*	visit
需要	xūyào	*v.*	need

常用词语	拼音	词性	英语
工作服	gōngzuòfú	*n.*	work clothes
大概	dàgài	*adv.*	about
这里	zhèlǐ	*pron.*	here
东边	dōngbian	*n.*	east
制作	zhìzuò	*v.*	make
工人	gōngrén	*n.*	worker

注释
Notes

1. 好吗、可以吗、行吗、怎么样；is it OK?

   "好吗、可以吗、行吗、怎么样"用来提问。

   Ask questions with "好吗、可以吗、行吗、怎么样 (is it OK?)".

   例句：你明天早点儿来车间，好吗？

   　　　我用一下你的扳手，可以吗？

2. 就，副词；just, adverb

   用"就"表示强调。

   Use the word "就(just)" for emphasis.

   例句：这里就是生产车间。

   　　　办公室就在前面。

语法
Grammar

一、介词"从"；the preposition "从"

介词"从"引出一段时间、一段路程、一件事情的经过或者一个序列的起点，后面常跟"到"一起搭配使用。

The preposition "从(from)" is used to introduce a period of time, a distance, the course of an event, or the starting point of a sequence. It is often used together with "到 (to)".

（1）我们先从这里开始参观。

（2）从中国到塞尔维亚要坐几个小时的飞机？

（3）你从下周一开始上班。

二、越来越＋形容词/心理动词；the structure "越来越＋adj./mental v."

"越来越"的后边加上形容词或心理动词，如"越来越冷""越来越热"表示随着时间的推移程度上发生的变化。注意，形容词或心理动词的前边不能再加程度副词，如不能说"越来越很热"。

The phrase "越来越(more and more)" is followed by an adjective or a mental verb, such as "colder and colder" "hotter and hotter", indicating a change in degree over time. Note that no degree adverb should precede the adjective or mental verb, so phrases like "very hotter and hotter" are unacceptable.

（1）车间的机械装备越来越先进。

（2）钢厂的工人越来越多。

（3）随着技术的进步，钢厂的生产效率越来越高。

练习
Practices

1. 正确朗读下列句子。Read the following sentences correctly.

（1）我们需要戴上安全帽并穿上工作服。

（2）如果有任何问题，您可以随时打断我！

（3）生产这些产品需要经过哪些流程？

（4）制作成品钢材需要经过烧结、炼铁、炼钢、轧钢等流程。

（5）生产车间是工厂的主要车间，它位于办公区的东边。

2. 画线部分替换练习。Please replace the underlined part with the words given.

这就是生产车间。

我　　刚来的那个人

你　　塞尔维亚的

这　　中国的钢厂

3. 用课文一和课文二的结构，根据实际情况做替换对话练习。Use the structure of Text 1 and Text 2, do replacement dialogues according to the actual situation.

Workshop: Welcome to our workshop

Text 1: In the worshop

A: Hello, I'm Li Hua, the person in charge of this visit. Are you Kovacs?

B: Hello, Li Hua. I am Kovacs, a new intern in the company. I came to visit the steel mill workshop today.

A: Welcome to visit the workshop! I am happy to introduce the layout and main functions of the workshop.

A: Before we begin, we need to wear a safety helmet and work clothes.

B: Do I have to wear a safety helmet?

A: Yes, for safety reasons, the factory requires all employees to wear safety equipment.

B: Got it.

A: This tour takes about an hour, and we start here. If you have any questions, feel free to stop me at any time.

B: What is this area?

A: This is the office area of the workshop. It includes all the administrative departments, such as Sales, Accounting, Human Resources, Market Research, and Quality Inspection.

B: What is the main work of the Quality Inspection Department?

A: It is mainly responsible for inspecting the quality of products produced by our company.

B: I would like to see the main workshop of the factory, is that OK?

A: Of course, the production workshop is the main workshop of the factory, it is located in the east of the office area, please follow me this way.

B: OK, thanks.

Text 2: In the production workshop

A: This is the production workshop, where most of the company's products are produced.

B: What are the main products produced in our workshop?

A: The workshop mainly produces Bearing Steel, Gear Steel, Spring Steel, Structural Alloy Steel, and other products. Our products sell well both domestically and internationally and are highly regarded by our customers.

B: What processes are involved in producing these products?

A: The production of finished steel involves sintering, ironmaking, steelmaking, steel rolling, and other processes.

B: So, how many people are in this workshop?

A: There are about 100 employees in this workshop, including production line workers, maintenance workers and quality inspectors.

B: Is there any steel rolling production equipment here?

A: Yes, please follow me. The main machines in our workshop include 1 scrap steel crusher, 2 scrap steel shears, 4 refining furnaces, rolling mills for large rods, medium rods, small rods, and high-speed wire rods, 4 steel rolling production lines, and multiple finishing systems. With ongoing upgrades in the steel mill, the workshop's machinery is becoming increasingly advanced.

B: May I take some photos to share with other colleagues?

A: Absolutely.

B: Thank you very much.

第四课

应聘：你是应聘哪个岗位的？

Yìngpìn: nǐ shì yìngpìn nǎge gǎngwèi de?

课文一 Text 1

（参观 公司）

（Cānguān gōngsī）

A：你 好，麦克。

A：Nǐ hǎo, Màikè.

B：你 好，李 先生。

B：Nǐ hǎo, Lǐ xiānshēng.

A：欢迎 你 来到 中国！

A：Huānyíng nǐ láidào Zhōngguó!

B：谢谢！

B：Xièxie!

A：我 是 这 家 公司 的 技术员。

A：Wǒ shì zhè jiā gōngsī de jìshùyuán.

B：太 棒 了！你 是 学 什么 专业 的？

B：Tài bàng le! Nǐ shì xué shénme zhuānyè de?

A：我 是 学 机械 设计 制造 及 其 自动化 专业 的。

A：Wǒ shì xué jīxiè shèjì zhìzào jí qí zìdònghuà zhuānyè de.

B：我 也 是 学 这个 专业 的。

B：Wǒ yě shì xué zhège zhuānyè de.

A：你 以后 想 从事 什么 职业？

A：Nǐ yǐhòu xiǎng cóngshì shénme zhíyè?

B：我 以后 想　成为　一 名 机械　工程师　或者 技术员。

B：Wǒ yǐhòu xiǎng chéngwéi yī míng jīxiè gōngchéngshī huòzhě jìshùyuán.

A：你 毕业后 打算来 我的公司　上班　吗？

A：Nǐ　bìyè hòu dǎsuàn lái wǒ de gōngsī shàngbān ma?

B：我 有 这个 打算。

B：Wǒ yǒu zhège dǎsuàn.

A：期待 你 的 到来！

A：Qīdài　nǐ　de dàolái!

B：谢谢！

B：Xièxie!

课文二 Text 2
（在 面试 中）
（Zài miànshì zhōng）

A：你好，欢迎　来到 河钢 集团 参加 面试！我 是　面试官　成龙。

A：Nǐ hǎo, huānyíng láidào Hégāng jítuán cānjiā miànshì! wǒ shì miànshìguān Chéng Lóng.

B：你好！我 叫 何赛。

B：Nǐ hǎo!　Wǒ jiào Hé Sài.

A：你 是 应聘 哪个 岗位 的？

A：Nǐ　shì yìngpìn nǎge gǎngwèi de?

B：我 是 应聘　产品 质检　工程师　岗位 的，因为 在大学 期间 我 已经

B：Wǒ shì yìngpìn chǎnpǐn zhìjiǎn gōngchéngshī gǎngwèi de,　yīnwèi zàidàxué qījiān wǒ　yǐjīng

取得 了 相应 的 资格证。

qǔdé　le xiāngyìng de zīgézhèng.

A：是的，你 的确 满足 这个 岗位 的 要求。

A：Shìde,　nǐ díquè mǎnzú zhège gǎngwèi de yāoqiú.

B：是吗？那 太 好 啦！

B：Shìma?　Nà tài hǎo la!

A：但是，实在 抱歉， 这个 岗位 已经 招满 了。

A：Dànshì,　shízài bàoqiàn,　zhège gǎngwèi yǐjīng zhāomǎn le.

B：那 太 遗憾 了。

B：Nà tài yíhàn le.

A：简历 里 的 这 张 机构 运动 简图 是 你 画 的？

A：Jiǎnlì lǐ de zhè zhāng jīgòu yùndòng jiǎntú shì nǐ huà de?

B：那 张 机构 运动 简图 是 我 画 的。

B：Nà zhāng jīgòu yùndòng jiǎntú shì wǒ huà de.

A：画 得 很 不错，你 要 不 要 考虑 一下 机械 设计师 岗位？

A：Huà de hěn búcuò,　nǐ yào bù yào kǎolù yīxià jīxiè shèjìshī gǎngwèi?

B：机械 设计师 是 做 什么 的？

B：Jīxiè shèjìshī shì zuò shénme de?

A：机械 设计师 是 设计 机械 内部 结构 的。

A：Jīxiè shèjìshī shì shèjì jīxiè nèibù jiégòu de.

B：原来 如此，我 对 这个 岗位 有点 兴趣，我 想 试试 这个 岗位。

B：Yuánlái rúcǐ,　wǒ duì zhège gǎngwèi yǒudiǎn xìngqù,　wǒ xiǎng shìshi zhège gǎngwèi.

A：好的， 面试 结果 明天 会 通过 电话 告诉 你。

A：Hǎode,　miànshì jiéguǒ míngtiān huì tōngguò diànhuà gàosu nǐ.

B：谢谢，再见！

B：Xièxie, zàijiàn!

A：不客气，再见！

A：Bù kèqi, zàijiàn!

课文三 Text 3
（公司 报到 第一 天）
（Gōngsī bàodào dì-yī tiān）

A：你好，我是来公司 报到 的何赛。

A：Nǐ hǎo, wǒ shì lái gōngsī bàodào de Hé Sài.

B：你好，我是 成龙， 欢迎你来到 河钢 集团 报到，下面 由

B：Nǐ hǎo, wǒ shì Chéng Lóng, huānyíng nǐ láidào Hégāng jítuán bàodào, xiàmiàn yóu

我带你熟悉 一下 公司 的 部门。

wǒ dài nǐ shúxi yīxià gōngsī de bùmén.

A：麻烦 你了。

A：Máfan nǐ le.

B：请 跟我 上 二楼。这里是 经营 管理部，经营 管理部是 负责

B：Qǐng gēn wǒ shàng èr lóu. Zhèlǐ shì jīngyíng guǎnlǐ bù, jīngyíng guǎnlǐ bù shì fùzé

市场 开发、投标 管理 等 工作 的。

shìchǎng kāifā, tóubiāo guǎnlǐ děng gōngzuò de.

A：好像 很 复杂。

A：Hǎoxiàng hěn fùzá.

B：简单 来说，他们 是 负责 找 客户、签 合同 的。

B：Jiǎndān lái shuō, tāmen shì fùzé zhǎo kèhù, qiān hétóng de.

A：原来 如此。

A：Yuánlái rúcǐ.

B：三楼 是 财务 部，财务 部 是 负责 财务 管理、会计 核算 等 工作 的。

B：Sān lóu shì cáiwù bù, cáiwù bù shì fùzé cáiwù guǎnlǐ, kuàijì hésuàn děng gōngzuò de.

A：这个 我 知道，他们 是 负责 发 工资 的。那 我 的 部门 在 哪里 呢?

A：Zhège wǒ zhīdào, tāmen shì fùzé fā gōngzī de. Nà wǒ de bùmén zài nǎlǐ ne?

B：机械 设计师 是 设计 研发 部 的，在 五 楼，我 送 你 上去 吧!

B：Jīxiè shèjìshī shì shèjì yánfā bù de, zài wǔ lóu, wǒ sòng nǐ shàngqu ba!

A：谢谢，今天 麻烦 你 了。

A：Xièxie, jīntiān máfan nǐ le.

B：不 客气。

B：Bù kèqi.

词语
Words

专业词语	拼音	词性	英语
技术员	jìshùyuán	*n.*	technician
工程师	gōngchéngshī	*n.*	engineer
面试	miànshì	*v./n.*	interview
资格证	zīgézhèng	*n.*	qualification certificate
机构运动简图	jīgòuyùndòng jiǎntú	*n.*	kinematic diagram of mechanism

常用词语	拼音	词性	英语
太	tài	*adv.*	too
参加	cānjiā	*v.*	attend
应聘	yìngpìn	*v.*	apply for
岗位	gǎngwèi	*n.*	post
质检	zhìjiǎn	*n.*	quality inspection
遗憾	yíhàn	*adj./n.*	pity
很	hěn	*adv.*	very
部门	bùmén	*n.*	department
复杂	fùzá	*adj.*	compliated

注释
Notes

1. 好像很复杂；It seems very complicated.

"好像"意思是"好似""有些像"或"仿佛"。它可以用来表示某种相似性、不确定性或推测。

The word "好像" means "as if" "somewhat like" or "seems". It is used to express similarity, uncertainty, or peculation.

例句：我好像听到有人在叫我。

这个工作好像很复杂。

2. 太遗憾/很复杂；What a pity/It's very complicated.

"太/很+形容词"表示程度加深，比如"太美了""太开心""很漂亮""很大"等。

"太/很(so/very) + adjective" is used to indicate an intensified degree. Examples include "so beautiful" "so happy" "very beautiful" and " very big ".

例句：钢厂的环保标准很高。

钢厂的自动化程度很高。

语法
Grammar

一、能愿动词"想"；the modal verb "想"

能愿动词"想"一般用在动词前表示一种希望或打算。

The modal verb "想(want)" is generally used before a verb to express a hope or plan.

（1）你想应聘什么岗位？

（2）我想当工程师。

（3）我们想与您合作，共同开发更环保的生产方法。

二、简单趋向补语；simple complements of direction

汉语中"动词+来/去"表示动作的方向，"来"表示朝着说话人的方向，"去"则表示背离说话人的方向，常用的动词有"上、下、进、出、回、过"。

In Chinese, "v.+来/去(v.+come/go)" indicates the direction of an action, with "来" indicating the directing towards the speaker and "去" means the indication away from the speaker. The most frequently used verbs include" up, down, in, out, return, pass"。

（1）我在五楼办公室等你，你上来吧。

（2）谁在钢厂外面？你出去看看。

（3）这就是设计研发部，你进去吧。

练习
Practices

1. 正确朗读下列句子。Read the following sentences correctly.

（1）我是学机械设计制造及其自动化专业的。

（2）我以后想成为一名机械工程师。

（3）我是应聘产品质检工程师岗位的。

（4）我已经取得了相应的资格证。

（5）那太遗憾了。

（6）那张机构运动简图是我画的。

（7）机械设计师是做什么的？

（8）我对这个岗位有点兴趣，我想试试这个岗位。

（9）下面由我带你熟悉一下公司的部门。

（10）他们是负责找客户、签合同的。

（11）那我的部门在哪里呢？

（12）机械设计师是设计研发部的。

2. 画线部分替换练习。Please replace the underlined part with the words given.

（1）我是<u>学机械设计制造及其自动化专业</u>的。

唱歌

做生意

应聘机械设计师岗位

（2）<u>这张机构运动简图</u>是<u>我画</u>的。

      那本书   她买

      这句话   老师说

      桌上的花   麦克送

（3）他们是负责<u>发工资</u>的。

          洗衣服

          管理员工

          设计机器人

（4）<u>机械设计师</u>是<u>研发部</u>的。

      麦克   塞尔维亚

      这个学生   燕山大学

      这把钥匙   李华

3. 用课文一、课文二和课文三的结构，根据实际情况做替换对话练习。Use the structure of Text 1, Text 2, and Text 3, do replacement dialogues according to the actual situation.

Job application: Which position are you applying for?

Text 1: Visit the company

A: Hello, Mike.

B: Hello, Mr. Li.

A: Welcome to China!

B: Thank you.

A: I am a technician in this company.

B: That's great! What's your major?

A: I majored in mechanical design, manufacturing, and automation.

B: That is my major too.

A: What position do you want to take in the future?

B: I want to be a mechanical engineer or a technical specialist in the future.

A: Do you plan to work for my company after graduation?

B: I'm thinking of that.

A: We will be looking forward to having you!

B: Thank you.

Text 2: In an interview

A: Hello, welcome to HBIS Group for an interview! I'm Cheng Long, the interviewer.

B: Hello! My name is He Sai.

A: Which post are you applying for?

B: I am applying for the position of product quality inspection engineer, because I have obtained the relevant qualification certificate during university.

A: Yes, you do meet the requirements for this position.

B: Really? That's great!

A: However, I'm sorry, the position has already been filled.

B: Oh? That's a pity.

A: Did you draw this kinematic diagram of mechanism in your resume?

B: Yes, I did. I drew that kinematic diagram myself.

A: It's very well done. Would you consider the position of mechanical designer?

B: What does a mechanical designer do?

A: A mechanical designer is responsible for designing the internal structures of machines.

B: I see. I'm quite interested in that position, I'd like to give it a try.

A: Great. We'll inform you of the interview results by phone tomorrow.

B: Thank you. Bye!

A: You're welcome. Bye!

Text 3: First day at the company

A: Hello, I am He Sai. I am here to report for my first day.

B: Hello, I'm Cheng Long. Welcome to HBIS Group. Now I will show you around and help you get familiar.

A: Yes, please.

B: Please follow me to the second floor. This is the Operation Management Department, this department is responsible for market development and bid management.

A: That sounds quite complicated.

B: Simply put, they find clients and sign contracts.

A: I see.

B: This is the Finance Department on the third floor. The Finance Department is responsible for financial management, accounting, and so on.

A: I know that. They are in charge of payroll. Then where is my department?

B: Mechanical designers are part of the Design and R&D Department. It's on the fifth floor. I'll take you there.

A: Thank you.

B: You're welcome.

第五课

培训：你们 培训 的 内容 是 什么？

Péixùn： nǐmen péixùn de nèiróng shì shénme?

课文一 Text 1
（在 去 公司 的 路上）
（Zài qù gōngsī de lùshang）

A：你好！李文，好久 不见！

A：Nǐ hǎo! Lǐ Wén, hǎojiǔ bùjiàn!

B：你好！李华。

B：Nǐ hǎo! Lǐ Huá.

A：听说 你去 斯梅代雷沃 钢厂 参加 培训 了。

A：Tīngshuō nǐ qù Sīméidàiléiwò gāngchǎng cānjiā péixùn le.

B：是的，真 是 一次 难忘 的 经历 啊！

B：Shìde, zhēn shì yīcì nánwàng de jīnglì a!

A：你们 培训 的 内容 是 什么 呢？

A：Nǐmen péixùn de nèiróng shì shénme ne?

B：如何 操作 机器 以及 工厂 的 安全 注意 事项 等。

B：Rúhé cāozuò jīqì yǐjí gōngchǎng de ānquán zhùyì shìxiàng děng.

A：听 起来 很 有 意思。

A：Tīng qǐlái hěn yǒu yìsī.

B：下次 有 机会 你 可以 来 工厂 看看。

B：Xiàcì yǒu jīhuì nǐ kěyǐ lái gōngchǎng kànkan.

A：好的，谢谢！

A：Hǎode, xièxie!

B：不 客气。

B：Bù kèqi.

课文二 Text 2
（在 电话 中）
（ Zài diànhuà zhōng ）

A：你 好，李 文。

A：Nǐ hǎo,　Lǐ Wén.

B：你 好，请问 您 是？

B：Nǐ hǎo,　qǐngwèn nín shì?

A：我 是 河钢 集团 的 工程师， 韩 梅梅。

A：Wǒ shì Hégāng jítuán de gōngchéngshī, Hán Méimei.

B：好的， 请问 您 有 什么 事情 吗？

B：Hǎode,　qǐngwèn nín yǒu shénme shìqíng ma?

A：我 想 了解 一下 你们 工厂 的 培训 情况。

A：Wǒ xiǎng liǎojiě yīxià　nǐmen gōngchǎng de péixùn qíngkuàng.

B：我们 现在 在 学习 炼钢厂 的 转炉 安全 操作 规范 和 工人 的

B：Wǒmen xiànzài zài xuéxí liàngāngchǎng de zhuànlú ānquán cāozuò guīfàn hé gōngrén de

安全 注意 事项。

ānquán zhùyì shìxiàng.

A：那 你们 在 培训 中 遇到过 什么 问题 吗？

A：Nà nǐmen zài péixùn zhōng yùdàoguo shénme wèntí ma?

B：目前 没有 什么 问题。

B：Mùqián méiyǒu shénme wèntí.

A：好的，谢谢 你 的 回答。

A：Hǎode, xièxie nǐ de huídá.

B：不 客气，再见。

B：Bù kèqi, zàijiàn.

A：再见。

A：Zàijiàn.

词语
Words

专业词语	拼音	词性	英语
培训	péixùn	*n.*	training
经历	jīnglì	*n.*	experience
操作	cāozuò	*v.*	operation
炼钢厂	liàngāngchǎng	*n.*	steel mill
操作规范	cāozuòguīfàn	*n.*	operation specifications

常用词语	拼音	词性	英语
内容	nèiróng	*n.*	content
注意事项	zhùyìshìxiàng	n.	precautions
听起来	tīngqǐlái	*v.*	sound
情况	qíngkuàng	*n.*	situation
学习	xuéxí	*v.*	learn
回答	huídá	*n.*	answer

注释
Notes

听说：hear of / hear that

通常用于表达一个人是通过别人的告知或传言来了解某件事情的，而不是自己直接经历或看到的。例如，"听说他最近要去旅行"，这里的"听说"就表示说话者是从别人那里得知这个信息的。

"听说 (hear of / hear that)" is usually used to express that someone has learned about something through what others say or through hearsay, rather than through direct experience or observation. For example, in the sentence "I heard that he is going on a trip soon," the phrase "heard" indicates that the speaker got this information from someone else, not from personal experience.

语法
Grammar

一、那，连词；that, coniunction

"那"用来连接词、短语、分句和句子，表示并列、转折等逻辑关系。

"那(that)" is used to connect words, phrases, clauses, or sentences, indicating logical relationships such as coordination or contrast.

（1）你不想去看电影，那我也不去了。

（2）你是复习好了，那也不能一直玩儿啊。

二、看看，单音节动词重叠；take a look, monosyllabic verb reduplication

单音节动词重叠是一种语法现象，它通过在单音节动词后重复该动词来构成，通常用于口语中，以增强语气或表示动作的短暂、尝试、反复等意义。这种重叠形式使得语言表达更加生动和形象。

Monosyllabic verb reduplication is a grammatical phenomenon in which a monosyllabic verb is repeated. It is commonly used in spoken language to enhance tone or indicate the meaning of actions such as brevity, attempt, repetition, etc. This overlapping form makes language expression more vivid.

（1）你先看看这本书，再告诉我觉得怎么样。

（2）你听听这首歌，它的旋律很好听。

（3）下午没事的话，我们出去走走吧。

练习
Practices

1. 正确朗读下列句子。Read the following sentences correctly.

（1）你好！李文，好久不见！

（2）真是一次难忘的经历啊！

（3）听起来很有意思。

（4）下次有机会你可以来工厂看看。

（5）你好，请问您是？

（6）请问您有什么事情吗？

（7）那你们在培训中遇到过什么问题吗？

（8）目前没有什么问题。

2. 画线部分替换练习。Please replace the underlined part with the words given.

（1）你好！<u>李文</u>，好久不见！

　　李华

　　韩梅梅

　　玛丽

（2）听说你去<u>斯梅代雷沃钢厂</u>　<u>参加培训</u>了？

　　　　泰国　　　　旅游

　　　　中国　　　　学习

　　　塞尔维亚　　　上班

（3）<u>听起来很有意思</u>。

　闻　　香

　看　　好吃

　尝　　酸

（4）下次有机会你可以来<u>工厂</u>看看。

　　　博物馆

　　　中国公司

　　　机械厂

（5）我是<u>河钢集团</u>的<u>工程师</u>。

   炼钢厂 工人

   技术公司 经理

   电视台 记者

（6）那你们在<u>培训</u>中遇到过什么问题吗？

   生活

   工作

   学习

3. 用课文一和课文二的结构，根据实际情况做替换对话练习。Use the structure of Text 1 and Text 2, do replacement dialogues according to the actual situation.

Training: What is the content of your training?

Text 1: On the way to the company

A: Hello! Li Wen, long time no see.

B: Hello! Li Hua.

A: I heard that you went to the Smederevo Steel Mill for training.

B: Yes. What an unforgettable experience!

A: What kind of training did you do?

B: We learned how to operate the machines and about safety precautions in the factory.

A: It sounds interesting.

B: You should come visit the factory next time you get a chance.

A: OK, thank you!

B: You are welcome.

Text 2: On the phone

A: Hello! Li Wen.

B: Hello! Who is that speaking?

A: This is Han Meimei, an engineer at HBIS Group.

B: OK, what can I do for you?

A: I want to know about the training in your factory.

B: We are currently learning the safe operation specifications of converters and safety precautions for workers in steel mill.

A: Have you encountered any problems during the training?

B: So far, there haven't been any issues.

A: OK, thank you for your answer.

B: You're welcome. Goodbye.

A: Goodbye.

第六课

考勤：上班　要　打卡

Kǎoqín: shàngbān yào dǎkǎ

课文一 Text 1
（入职 培训 时）
（ Rùzhí péixùn shí ）

A：你 好，欢迎 你 来 我们 公司　上班。

A：Nǐ hǎo, huānyíng nǐ lái wǒmen gōngsī shàngbān.

B：你 好，谢谢。

B：Nǐ hǎo, xièxie.

A：下面　我 给 你 说 一下 我们 公司　的 考勤　方式。

A：Xiàmiàn wǒ gěi nǐ shuō yīxià wǒmen gōngsī de kǎoqín fāngshì.

B：好的。

B：Hǎode.

A：在 我们　公司，员工　每　周　工作　五天，星期 一 到 星期 五　上班，

A：Zài wǒmen gōngsī, yuángōng měi zhōu gōngzuò wǔ tiān, xīngqī yī dào xīngqī wǔ shàngbān,

星期六、星期 天 休息。每天　早上　九点　上班，　下午 五 点 下班，

xīngqī liù, xīngqī tiān xiūxi. Měi tiān zǎoshang jiǔ diǎn shàngbān, xiàwǔ wǔ diǎn xiàbān,

中午　　能 休息 一 个 小时，不 能　迟到、早退。

zhōngwǔ néng xiūxi yī gè xiǎoshí, bù néng chídào, zǎotuì.

B：好的，我 知道了。

B：Hǎode, wǒ zhīdàole.

A：你 每天　上班　和 下班 之前　都　要 指纹 打卡。

A：Nǐ měi tiān shàngbān hé xiàbān zhīqián dōu yào zhǐwén dǎkǎ.

B：请问 我 在 哪里 打卡？

B：Qǐngwèn wǒ zài nǎlǐ dǎkǎ?

A：在 门口 的 打卡机 打卡。

A： Zài ménkǒu de dǎkǎjī dǎkǎ.

B：谢谢。

B：Xièxie.

A：如果 你 不 能 来 上班， 必须 跟 经理 请假。

A：Rúguǒ nǐ bù néng lái shàngbān, bìxū gēn jīnglǐ qǐngjià.

B：我 知道 了。

B：Wǒ zhīdàole.

A：祝 你 工作 愉快！

A：Zhù nǐ gōngzuò yúkuài!

B：谢谢 你。

B：Xièxie nǐ.

课文二 Text 2
（ 在 电话 中 ）
（ Zài diànhuà zhōng ）

A：你好，请问 是 崔 经理 吗？

A：Nǐ hǎo, qǐngwèn shì Cuī jīnglǐ ma?

B：你好，是的，请问 你 是 谁？

B：Nǐ hǎo, shìde, qǐngwèn nǐ shì shuí?

A：我是 成 龙。不好意思，我 今天 想 请假。

A：Wǒ shì Chéng Lóng. Bù hǎoyìsi, wǒ jīntiān xiǎng qǐngjià.

B：你 怎么 了？

B：Nǐ zěnme le?

A：我 感冒了，今天 不 能 去 上班 了。

A：Wǒ gǎnmàole, jīntiān bù néng qù shàngbān le.

B：好的，我 知道了，那 你 好好 休息 吧。

B：Hǎode, wǒ zhīdàole, nà nǐ hǎohǎo xiūxi ba.

A：谢谢 经理，再见。

A：Xièxie jīnglǐ, zàijiàn.

B：再见。

B：Zàijiàn.

词语
Words

专业词语	拼音	词性	英语
考勤	kǎoqín	*n.*	attendance
感冒	gǎnmào	*n.*	catch a cold

常用词语	拼音	词性	英语
上班	shàngbān	*v.*	go to work
方式	fāngshì	*n.*	ways
员工	yuángōng	*n.*	employee
迟到	chídào	*v.*	be late
早退	zǎotuì	*v.*	leave early
打卡	dǎkǎ	*v.*	clock in
请	qǐng	*adv.*	please
请假	qǐngjià	*v.*	ask for leave
愉快	yúkuài	*adv.*	pleasant
不好意思	bùhǎoyìsi		excuse me

注释
Notes

1. 不好意思；excuse me/sorry

"不好意思"是一个汉语短语，用于程度较轻的道歉，是在打扰到对方时说的客气话。

"不好意思(excuse me/sorry)" is a Chinese phrase used to apologize to a lesser degree and is a polite thing to say when you have disturbed the other person.

2. 必须，副词；must, adverb

"必须"表示事理上的必要和情理上的必要，副词，有强调的语气，多作状语。

"必须(must)" expressing factual necessity and emotional necessity, adverb, with emphasis, mostly as a adverbial.

语法
Grammar

一、请，副词；please, adverb

"请"表示请求、邀请，用在动词前，意思为希望自己的请求得到满足。

"请(please)" means request and invitation. It is used before the verb and means that you want your request to be satisfied.

（1）请把那本书递给我。

（2）请帮我一个忙，谢谢你。

二、在，介词；in/at/by, prepositon

"在"表示处所，"在"只能跟处所词、方位词组合，不能跟一般名词组合。

To express premises，"在(in/at/by)" can only be combined with premises and locative words, not with general nouns.

（1）在海边，我看到了很多海鸥。

（2）你的书在桌子上。

练习
Practices

1. 正确朗读下列句子。Read the following sentences with a correct intonation.

（1）员工每周工作五天。

（2）每天早上九点上班，下午五点下班。

（3）上班和下班之前都要指纹打卡。

（4）如果你不能来上班，必须跟经理请假。

（5）我今天想请假。

（6）我感冒了，今天不能去上班了。

2. 画线部分替换练习。Please replace the underlined part with the words given.

（1）今天星期一，我要去上班。

星期二　　　去车间

星期三　　　去公司

星期六　　　休息

（2）请问你是崔经理吗？

我可以请假吗

在哪里考勤

（3）我一直在这个公司工作。

钢厂

包装车间

机械厂

（4）你好，是崔经理吗？

成龙

工程公司

李华

（5）我想请假，因为我头疼。

感冒发烧

中文考试

（6）我们公司怎么考勤？

打卡

签字

请假

3. 用课文一和课文二的结构，根据实际情况做替换对话练习。Use the structure of Text 1 and Text 2, do replacement dialogues according to the actual situation.

Attendance: Clock in for work

Text 1: During induction training

A: Hello! Welcome to our company.

B: Hello, thank you.

A: Let me tell you about our company's attendance system.

B: OK.

A: In our company, employees work five days a week, from Monday to Friday, and have weekends off. Our work starts at 9 am and ends at 5 pm There is a one-hour lunch break at noon. Employees are not allowed to be late or leave early.

B: OK, I got it.

A: You need to clock in and out using your finger print every day.

B: May I ask where I should clock in?

A: You can clock in at the machine at the entrance.

B: Thank you.

A: If you're unable to come to work, you must ask the manager for leave.

B: I got it.

A: I wish you a pleasant time at work!

B: Thank you.

Text 2: On the phone

A: Hello, may I speak to Manager Cui?

B: Hello, yes, may I ask who is calling?

A: This is Cheng Long. Sorry, I would like to take a day off today.

B: what's the matter?

A: I've caught a cold and won't be able to come to work today.

B: OK, I understand. You should have a good rest.

A: Thank you, manager. Goodbye.

B: Goodbye.

工作 变动：我 被 调到 管理 岗 了

Gōngzuò biàndòng： wǒ bèi diàodào guǎnlǐ gǎng le

课文一 Text 1
（在 电话 中）
（Zài diànhuà zhōng）

A：成 龙， 早上 好。

A：Chéng Lóng， zǎoshang hǎo.

B：李 文， 早上 好。

B：Lǐ Wén， zǎoshang hǎo.

A：成龙， 我 有 一 个 好 消息 要 告诉 你。

A：Chéng Lóng, wǒ yǒu yī gè hǎo xiāoxi yào gàosù nǐ.

B：是 什么 好 消息 呢？

B：Shì shénme hǎo xiāoxi ne?

A：你 的 岗位 变动 申请 通过了，你 要 被 调到 管理 岗位 了。

A：Nǐ de gǎngwèi biàndòng shēnqǐng tōngguòle， nǐ yào bèi diàodào guǎnlǐ gǎngwèi le.

B：太 好 了！我 终于 可以 调到 我 想去 的 岗位 了。

B：Tài hǎo le！ Wǒ zhōngyú kěyǐ diàodào wǒ xiǎng qù de gǎngwèi le.

A：恭喜 你。今天 你 需要 跟 约翰 交接 一下 目前 的 工作。

A：Gōngxǐ nǐ. Jīntiān nǐ xūyào gēn Yuēhàn jiāojiē yīxià mùqián de gōngzuò.

B：好的，我 明白。

B：Hǎode， wǒ míngbai.

A：希望 你 能够 尽快 适应 新 的 工作， 祝 你 工作 顺利！

A：Xīwàng nǐ nénggòu jǐnkuài shìyìng xīn de gōngzuò, zhù nǐ gōngzuò shùnlì!

B：谢谢 你！

B：Xièxie nǐ!

课文二 Text 2
（在 李 文 的 办公室 里）
（ Zài　 Lǐ Wén de bàngōngshì lǐ ）

A：吴 娜娜， 请 坐。

A：Wú Nàna,　 qǐng zuò.

B：请问　 有 什么 事 吗？

B：Qǐngwèn yǒu shénme shì ma?

A：在 这 次 岗位　 调整　 中，　 公司 决定 把 你 调到 管理 岗。

A：Zài zhè cì gǎngwèi tiáozhěng zhōng,　 gōngsī juédìng bǎ nǐ diàodào guǎnlǐ gǎng.

B：请问　 是 什么　 原因 呢？

B：Qǐngwèn shì shénme yuányīn ne?

A：吴娜娜， 你 对待 工作　 一直 认真 负责，工作 能力 强，所以 公司

A：Wú Nàna,　 nǐ duìdài gōngzuò yīzhí rènzhēn fùzé, gōngzuò nénglì qiáng, suǒyǐ　 gōngsī

看重　 你， 决定　 让 你 担任 部门 人事 经理 的 职务。

kànzhòng nǐ,　 juédìng ràng nǐ dānrèn bùmén rénshì jīnglǐ de　 zhíwù.

B：我 之前 没有 这　 方面　 的 经验，这个 岗位 的 具体 工作　 内容 是

B：Wǒ zhīqián méiyǒu zhè fāngmiàn de jīngyàn, zhège gǎngwèi de　 jùtǐ　 gōngzuò nèiróng shì

什么　 呢？

shénme ne?

A：工作　内容 是 安排 人员　工作，管理 人员　调动。

A：Gōngzuò nèiróng shì ānpái rényuán gōngzuò,　guǎnlǐ rényuán diàodòng.

B：好的，我 了解了。我 今后 一定 会 更加 努力 工作 的。

B：Hǎode,　wǒ liǎojiěle.　Wǒ jīnhòu yīdìng huì gèngjiā nǔlì gōngzuò de.

A：祝贺 你！

A：Zhùhè nǐ!

B：谢谢您，今后 在 工作　上 还要 多多　向 您 请教。

B：Xièxienín,　jīnhòu zài gōngzuò shang hái yào duōduō xiàng nín qǐngjiào.

A：没 关系，以后 有 问题 随时 来 找 我。

A：Méi guānxi,　yǐhòu yǒu wèntí suíshí lái zhǎo wǒ.

B：好的，如果 没　什么 事 的 话，我 先 出去了。

B：Hǎode,　rúguǒ méi shénme shì de huà,　wǒ xiān chūqùle.

A：好的，再见。

A：Hǎode,　zàijiàn.

词语
Words

专业词语	拼音	词性	英语
消息	xiāoxi	*n.*	news
变动	biàndòng	*v.*	change
交接	jiāojiē	*v.*	hand over
适应	shìyìng	*v.*	adapt
调整	tiáozhěng	*n.*	adjustment
经理	jīnglǐ	*n.*	manager
具体	jùtǐ	*adj.*	specific
努力	nǔlì	*n.*	effort

常用词语	拼音	词性	英语
通过	tōngguò	*v.*	approve
认真	rènzhēn	*adj.*	earnest
负责	fùzé	*adj.*	responsible
请教	qǐngjiào	*v.*	consult

注释
Notes

1. 祝贺；congratulate

祝贺是一个向人致贺的敬词，意思是庆祝贺喜。祝词与贺词有时被合称为祝贺词，二者都是泛指对人、对事表示祝贺的言辞和文章，它们都富有强烈的感情色彩，针对性、场合性也很强。

"祝贺(congratulate)" is an honorific to congratulate someone, meaning to celebrate happiness. A toast and congratulatory word is sometimes referred to collectively as congratulatory messages. Both of them generally refer to the words and articles congratulating people and things. They are full of strong emotional color, pertinence and occasion.

2. 交接工作；hand over work

由于辞职、岗位更换、生病或者其他等原因，在实际工作中很容易会出现一个人不能完成规定内容的情况，这个时候就必须要由另外的人来完成。而原本的工作进度和工作内容等消息都是要交给另外一个人的，这个交接的过程就是交接工作。

In real work settings, due to reasons such as resignation, position change, or illness, a person may be unable to complete their assigned tasks. In such cases, another individual must take over. The information regarding the original work progress and responsibilities needs to be passed on, and this transfer process is known as handing over work.

语法
Grammar

一、"被"字句；passive construction with "bei"

"被"字句是指在谓语中心前面，用介词"被（给、叫、让）"在动词前引出施事。它用于表达主语遭受了某种动作或行为的影响，即主语是动作行为的承受者。

A "被" sentence (passive construction with "bei") is a type of passive sentence in Chinese in which the preposition "被" (sometimes replaced by similar forms like "给、叫、让") introduces the agent before the verb. In this structure, the subject is the receiver of the action, not the doer. These sentences are used to indicate that the subject is affected by a certain action or event.

（1）那个手机早被我用坏了。

（2）你的衣服被我洗坏了。

二、假设复句；hypothetical complex sentence

"如果……就……"是汉语中典型的假设复句关联词组合，用于表达一种假设的条件以及在该条件下可能产生的结果，通过这种假设与结果的关联，体现逻辑上的因果推断或条件关系。

"如果……就……(if...then...)" is a typical associative word combination for hypothetical compound sentences in Chinese. It is used to express a hypothetical condition and the possible outcome under that condition, demonstrating a logical causal inference or conditional relationship through the connection between the hypothesis and the result.

（1）如果你下午有时间，我们就一起去超市吧。

（2）如果明天下雨，我们就不去图书馆了。

练习
Practices

1. 中英匹配练习。Match the Chinese with the English.

工作顺利   a. adapt to work

工作交接   b. consult work

工作变动   c. post adjustment

岗位调整   d. work smoothly

工作内容   e. application approved

适应工作   f. job change

申请通过   g. work hand over

请教工作   h. job content

2. 画线部分替换练习。Please replace the underlined part with the words given.

（1）你的岗位变动申请通过了。

辞职

项目

请假

（2）你要被调到操作岗位了。

技术

管理

（3）你需要跟约翰交接一下目前的工作。

成龙　　　　新

人事部　　　之前

吴娜娜　　　技术部

（4）这个岗位的具体工作内容是什么呢？

职位

公司

机械车间

（5）公司决定让你担任工程师的职务。

人事经理

车间主任

3. 正确朗读下列对话并模仿造句。Read the following dialogues with a correctly and make a similar one.

A：你的岗位变动申请通过了，你要被调到管理岗位了。

B：太好了！我终于可以调到我想去的岗位了。

A：恭喜你。今天你需要跟约翰交接一下目前的工作。

B：好的，我明白。

A：希望你能够尽快适应新的工作，祝你工作顺利！

B：谢谢您！今后在工作上还要多多向您请教。

A：没关系，以后有问题随时来找我。

B：谢谢您！

Job change: I've been transferred to management

Text 1: On the phone

A: Cheng Long, good morning.

B: Li Wen, good morning.

A: Cheng Long, I have good news for you.

B: What's the good news?

A: Your job change request has been approved and you are being transferred to a management position.

B: That's great! I'm finally moving to the position I've always wanted.

A: Congratulations. You need to hand over your current work to John today.

B: OK, I understand.

A: I hope you'll adapt your new role quickly. Wishing you all the best in your new job!

B: Thank you!

Text 2: In Li Wen's office

A: Wu Nana, please sit down.

B: May I ask what this is about?

A: As part of this round of position adjustments, the company has decided to transfer you to a management role.

B: May I ask what the reason is?

A: Wu Nana, you have always been earnest and responsible in your work, and you've demonstrated strong capabilities. Therefore, the company values you and has decided to appoint you as the manager of the deparment department.

B: I haven't worked in this field before. Could you tell me more about the specific responsibilities of this position?

A: Your main responsibilities will include assigning staff duties and managing

B: OK, I see. I will certainly work harder in the future.

A: Congratulations!

B: Thank you. I'm hoping to pick your brain.

A: That's all right. I'll be here if you have any questions.

B: All right, I gotta go if there is nothing else.

A: OK, bye.

机械 维修：这 台 机器 为 什么 启动 不 了？

Jīxiè wéixiū: zhè tái jīqì wèi shénme qǐdòng bù liǎo?

课文一 Text 1
（在 工地）
（Zài gōngdì）

A：上午　我们 已经 学习了 理论 知识，接下来 你们 俩 试着 操作

A：Shàngwǔ wǒmen yǐjīng xuéxíle lǐlùn zhīshi, jiēxiàlái nǐmen liǎ shìzhe cāozuò

　　一下 吧！

　　yīxià ba!

B：怎么 回事，为 什么 启动 不 了？

B：Zěnme huíshì, wèi shénme qǐdòng bù liǎo?

C：再 试 一 次 吧。

C：Zài shì yī cì ba.

B：还是 不 行 啊。

B：Háishi bù xíng a.

A：出 什么 问题 了？

A：Chū shénme wèntí le?

B：我 试了 好 几 次，挖掘机 都 无法 启动。

B：Wǒ shìle hǎo jǐ cì, wājuéjī dōu wúfǎ qǐdòng.

A：你们 认为 哪些 原因 会 导致 挖掘机 无法 启动 呢？

A：Nǐmen rènwéi nǎxiē yuányīn huì dǎozhì wājuéjī wúfǎ qǐdòng ne?

C：会 不 会 是 没 油 了？

C：Huì bù huì shì méi yóu le?

A：那 我们 看看 仪表盘 上 的 燃油表 吧。

A：Nà wǒmen kànkan yíbiǎopán shang de rányóubiǎo ba.

B：油表 显示 还有 很多 油 呢！会不会 是 漏油了？

B：Yóubiǎo xiǎnshì hái yǒu hěnduō yóu ne! Huì bu huì shì lòuyóule?

A：那么 请 你们 检查 一下 发动机 周围 是否 存在 油渍？

A：Nàme qǐng nǐmen jiǎnchá yīxià fādòngjī zhōuwéi shìfǒu cúnzài yóuzì?

C：一切 正常，看来 没有 漏油。难道 是 输油泵 的 问题？

C：Yīqiè zhèngcháng, kànlái méiyǒu lòuyóu. Nándào shì shūyóubèng de wèntí?

B：我 检查了 输油泵 进油管，没有 异常。

B：Wǒ jiǎnchále shūyóubèng jìnyóuguǎn, méiyǒu yìcháng.

A：不错，看来 你们 对 理论 知识 掌握 得 很好。

A：Bùcuò, kànlái nǐmen duì lǐlùn zhīshi zhǎngwò de hěnhǎo.

课文二 Text 2
（在 工地）
（Zài gōngdì）

A：其实，除了 你们 刚才 提到 的 成因，油路 堵塞 也 是 导致 发动机

A：Qíshí, chúle nǐmen gāngcái tídào de chéngyīn, yóulù dǔsè yě shì dǎozhì fādòngjī

无法 启动 的 重要 原因 之一。

wúfǎ qǐdòng de zhòngyào yuányīn zhī yī.

B：对！我们 居然 忘了 这么 重要 的 原因。

B：Duì! Wǒmen jūrán wàngle zhème zhòngyào de yuányīn.

A：那么，请 你们 检查 一下 容易 发生 堵塞 的 各 个 管道 吧。

A：Nàme, qǐng nǐmen jiǎnchá yīxià róngyì fāshēng dǔsè de gè gè guǎndào ba.

C：我们 发现了！进油管 堵着 脏 东西。果然 是 这个 原因，您 太 厉害

C：Wǒmen fāxiànle! Jìnyóuguǎn dǔzhe zāng dōngxi. Guǒrán shì zhège yuányīn, nín tài lìhài

了！

le!

A：你们俩 刚才 的 操作 也 都 很 专业，很 快 就要 超过 我 了。

A：Nǐmen liǎ gāngcái de cāozuò yě dōu hěn zhuānyè, hěn kuài jiù yào chāoguò wǒ le.

油路 堵塞 是 一 个 常见 的 问题，平时 要 注意 及时 清洁。同时，为了

Yóulù dǔsè shì yī gè chángjiàn de wèntí, píngshí yào zhùyì jíshí qīngjié. Tóngshí, wèile

减缓 挖掘机 的 老化 速度，日常 的 养护 是 非常 必要 的。比如 检查

jiǎnhuǎn wājuéjī de lǎohuà sùdù, rìcháng de yǎnghù shì fēicháng bìyào de. Bǐrú jiǎnchá

部件 状态，选择 合适 的 润滑剂 等。在 之后 的 培训 中，我 会 向

bùjiàn zhuàngtài, xuǎnzé héshì de rùnhuájì děng. Zài zhīhòu de péixùn zhōng, wǒ huì xiàng

你们 详细 介绍 挖掘机 的 养护 方法。

nǐmen xiángxì jièshào wājuéjī de yǎnghù fāngfǎ.

B，C：太 好 了。

B，C：Tài hǎo le.

B：那 我们 现在 正式 开始 操作 这 台 挖掘机 吧。

B：Nà wǒmen xiànzài zhèngshì kāishǐ cāozuò zhè tái wājuéjī ba.

词语
Words

专业词语	拼音	词性	英语
维修	wéixiū	v.	repair
理论	lǐlùn	n.	theory
启动	qǐdòng	v.	start up
挖掘机	wājuéjī	n.	excavator
检查	Jiǎnchá	v.	check
堵塞	dǔsè	v.	blockage
老化	lǎohuà	v.	aging
养护	yǎnghù	v.	maintain
故障	gùzhàng	n.	hitch
喷油器	pēnyóuqì	n.	fuel injector
雾化	wùhuà	v.	atomize
燃油系统	rányóuxìtǒng	n.	fuel system

常用词语	拼音	词性	英语
漏油	lòuyóu	v.	fuel leak
油路	yóulù	n.	fuel pipe
更换	gēnghuàn	v.	replace

注释
Notes

会不会……？ Will it...(or not)?

　　"会不会"是一个常用的疑问表达方式，它用于询问某个情况或结果是否有可能发生或存在。这种表达方式带有一定的猜测或不确定的意味，常用于询问对方的看法或确认某个信息的可能性。例如，"今天会不会下雨啊？"这个句子就是在询问今天下雨的可能性。

　　"会不会……？(will it...or not?)"is a commonly used interrogative expression in Chinese. It is used to inquire whether a situation or outcome is likely to occur or exist. This expression carries a certain degree of speculation or uncertainty, and is typically employed to seek someone's opinion or to confirm the possibility of certain information. For example, the sentence "Will it rain today?" asks about the possibility of rain today.

语法
Grammar

存在的表达；expression of existence

　　汉语中用"地点词+动词+着+名词/名词短语"表示什么地方有什么东西，其中"着"前通常是"放、写、坐、住"等表示存在状态的动词，名词短语是如"一本书""几个人"等不确定的事物，不能是"这本书""崔老师"等有具体指代的名词或名词短语。

In Chinese, the structure "location word + verb + 着 + noun/noun phrase" is used to indicate that something exists in a certain place. The verb before "着" is usually one that implies a state of existence, such as "put, write, sit" or "live". The noun or noun phrase that follows typically refers to non-specific entities like "a book" or "several people", rather than definite or specific ones such as "this book" or "Teacher Cui".

（1）桌子上放着一杯橙汁。

（2）我家楼上没住着一对双胞胎。

练习
Practices

1. 请选出每个现象所对应的故障。Please select the corresponding fault for each phenomenon.

（1）发动机周围有油渍，可能是因为（　　）

    A. 燃油箱中无油　　　　B. 喷油器雾化不良

    C. 蓄电池电量不足　　　D. 燃油系统漏油

（2）挖掘机无法启动的常见原因不包括（　　　）

    A. 油路堵塞　　　　　　B. 输油泵进油管异常

    C. 燃油系统漏油　　　　D. 轮胎气压不足

（3）判断是否缺油应首先检查（　　　）

    A. 发动机温度　　　　　B. 燃油表指示

    C. 输油泵是否运转　　　D. 喷油器喷油情况

（4）为了延缓挖掘机老化速度，应做到（　　　）

  A. 定期更换发动机 B. 选择高价燃油

  C. 进行日常养护 D. 减少使用频率

2. 用课文一和课文二的结构，根据实际情况做替换对话练习。Use the structure of Text 1 and Text 2, do replacement dialogues according to the actual situation.

Mechanical maintenance: Why won't this machine start?

Text 1: On the construction site

A: We have already studied the theoretical knowledge in the morning, now let's try to operate it!

B: What's going on? Why won't it start?

C: Let's try again.

B: Still not working.

A: What's the problem?

B: I've tried several times, but the excavator won't start.

A: What do you think could be the reason why the excavator won't start?

C: Could it be out of fuel?

A: Then let's check at the fuel gauge on the instrument panel.

B: The fuel gauge shows there is still plenty of fuel! Could it be a fuel leak?

A: In that case, please check around the engine to see if there are any signs of oil leakage.

C: Everything seems normal, and there is no oil leak. Could it be a problem with the fuel transfer pump?

B: I've checked the fuel inlet pipe of the fuel transfer pump, and there is nothing unusual.

A: Well done. It looks like you've got a solid understanding of the theory.

Text 2: On the construction site

A: In fact, besides the causes you mentioned earlier, fuel pipe blockage is also one of the important resasons that can cause the engine to fail fo start.

B: Oh, right! We actually forgot such an important reason.

A: Then please check all the pipelines that are prone to blockage.

C: We've found it! The fuel inlet pipe is blocked by dirt. It is indeed the reason. You are amazing!

A: Your handling just now was very professional, you're catching up with me quickly. Fuel line blockages are a common issue, so regular cleaning is important. Also, to slow down the excavator's aging, daily maintenance is essential, such as checking component conditions, choosing appropriate lubricants, and so on. In our upcoming training sessions, I'll go into more detail about proper maintenance techniques.

B , C: That's great.

B: Then let's officially start operating this excavator now.

课文一 Text 1
（在 施工　现场）
（Zài shīgōng xiànchǎng）

A：你好，请问　工程　机械 操作 大概 包括 哪 几 个 部分？

A：Nǐ hǎo，qǐngwèn gōngchéng jīxiè　cāozuò dàgài bāokuò nǎ　jǐ　gè bùfen?

B：你好，　工程　机械 操作 包括 启动 前、运转　时 和 停机 后 三 个

B：Nǐ hǎo，gōngchéng jīxiè　cāozuò bāokuò qǐdòng qián, yùnzhuǎn shí　hé tíngjī hòu sān　gè

阶段。

jiēduàn.

A：好的。你 可以 跟 我 说 一下 工程　机械 操作　过程　中 需要 注意 的

A：Hǎode，　nǐ　kěyǐ　gēn wǒ shuō yīxià gōngchéng jīxiè cāozuò guòchéng zhōng xūyào zhùyì　de

事情　吗？

shìqing ma?

B：当然　可以。首先，　工程　机械 设备 本身　一定 要 有　安全　防护

B：Dāngrán kěyǐ．Shǒuxiān，gōngchéng jīxiè　shèbèi běnshēn yīdìng yào yǒu ānquán fánghù

装置。

zhuāngzhì.

A：然后 呢？是否 对　工程　机械 操作　人员　也 有　相关　的 要求 呢？

A：Ránhòu ne? Shìfǒu duì gōngchéng jīxiè　cāozuò rényuán yě yǒu xiāngguān de　yāoqiú ne?

B：是的，工程　机械 操作　人员 需要 经过 培训 才 能　上岗，　有的

B：Shìde, gōngchéng　jīxiè cāozuò rényuán xūyào jīngguò péixùn cái　néng shànggǎng，　yǒude

机械 在 操作 时 不 能 戴手套。

jīxiè zài cāozuò shí bù néng dài shǒutào.

A: 看来 工程 机械 操作 人员 应 不断 提高 安全 意识。

A: Kànlái gōngchéng jīxiè cāozuò rényuán yīng bùduàn tígāo ānquán yìshí.

B: 没错，除此之外，不同 的 机械 设备 有 不同 的 操作 注意 事项。

B: Méicuò, chúcǐzhīwài, bùtóng de jīxiè shèbèi yǒu bùtóng de cāozuò zhùyì shìxiàng.

A: 这样 啊，那 像 你 刚 使用过 的 推土机 和 电动 工具 在 操作 时

A: Zhèyàng a, nà xiàng nǐ gāng shǐyòngguo de tuītǔjī hé diàndòng gōngjù zài cāozuò shí

需要 注意 什么 呢？

xūyào zhùyì shénme ne?

B: 推土机 上下坡 时 应当 低速 行驶， 原则 上 不 应当 在 坡道 上

B: Tuītǔjī shàngxiàpō shí yīngdāng dīsù xíngshǐ, yuánzé shang bù yīngdāng zài pōdào shang

拐弯。

guǎiwān.

A: 你 右边 的 电动 工具 是 不 是 注意 事项 要 少 一些？

A: Nǐ yòubian de diàndòng gōngjù shì bù shì zhùyì shìxiàng yào shǎo yīxiē?

B: 并 不 是。这 要求 操作 人员 提前 了解 它 的 性能 和 主要 结构，在

B: Bìng bù shì. Zhè yāoqiú cāozuò rényuán tíqián liǎojiě tā de xìngnéng hé zhǔyào jiégòu, zài

移动 它 时 必须 握住 手柄。

yídòng tā shí bìxū wòzhù shǒubǐng.

A: 那 电动 工具 单次 可以 使用 多长 时间 呢？

A: Nà diàndòng gōngjù dāncì kěyǐ shǐyòng duōcháng shíjiān ne?

B: 连续 使用 时间 不 宜 过 长，否则 容易 损坏。

B: Liánxù shǐyòng shíjiān bù yí guò cháng, fǒuzé róngyì sǔnhuài.

A：好的，跟你交流后，我对 工程 机械 操作有了一定 的 了解，谢谢！

A：Hǎode, gēn nǐ jiāoliú hòu, wǒ duì gōngchéng jīxiè cāozuò yǒule yīdìng de liǎojiě, xièxie!

B：不客气！

B：Bù kèqi!

课文二 Text 2
（在 车间 里）
（Zài chējiān lǐ）

A：你好，我叫大卫，是厂 里新来的学徒工。

A：Nǐ hǎo, wǒ jiào Dàwèi, shì chǎng lǐ xīn lái de xuétúgōng.

B：你好，大卫，很 高兴 认识你。我 姓 王。

B：Nǐ hǎo, Dàwèi, hěn gāoxìng rènshi nǐ. Wǒ xìng Wáng.

A：谢谢，将来 工作 中 请 多 关照。

A：Xièxie, jiānglái gōngzuò zhōng qǐng duō guānzhào.

B：没 问题。这些 机械 工具 你 都 认识 吧？

B：Méi wèntí. Zhèxiē jīxiè gōngjù nǐ dōu rènshi ba?

A：认识 一些， 但 不 知道 如何 操作。

A：Rènshi yīxiē, dàn bù zhīdào rúhé cāozuò.

B：各类 机械 设备 都 有 专业 的 操作 规程， 以防 发生 工伤 事故。

B：Gè lèi jīxiè shèbèi dōu yǒu zhuānyè de cāozuò guīchéng, yǐfáng fāshēng gōngshāng shìgù.

B：即使 是 眼前 这个 小 工具 台钳，也 要 注意 规范 操作。

B：Jíshǐ shì yǎnqián zhège xiǎo gōngjù táiqián, yě yào zhùyì guīfàn cāozuò.

A：你 可以 向 我 介绍 一下 使用 台钳 的 注意 事项 吗？

A：Nǐ kěyǐ xiàng wǒ jièshào yīxià shǐyòng táiqián de zhùyì shìxiàng ma?

B：台钳 必须 牢牢 地 固定 在 钳台 上， 工作 时 应 保证 钳身 无

B：Táiqián bìxū láoláo de gùdìng zài qiántái shang, gōngzuò shí yīng bǎozhèng qiánshēn wú

松动。

sōngdòng.

B：台钳 夹紧 工件 时 只能 用 手 的 力量 扳紧 手柄，不 允许 锤击

B：Táiqián jiājǐn gōngjiàn shí zhǐ néng yòng shǒu de lìliàng bānjǐn shǒubǐng, bù yǔnxǔ chuíjī

手柄。

shǒubǐng.

A：这 种 小 工具 如果 操作 不当，确实 很 容易 受伤。

A：Zhè zhǒng xiǎo gōngjù rúguǒ cāozuò bùdàng, quèshí hěn róngyì shòushāng.

B：是的， 尤其 是 使用 台钳 装夹 小 工件 时，要 防止 钳口 夹伤

B：Shìde, yóuqí shì shǐyòng táiqián zhuāngjiā xiǎo gōngjiàn shí, yào fángzhǐ qiánkǒu jiāshāng

手指。

shǒuzhǐ.

B：松、紧 台钳 时 应 扶住 工件，防止 工件 跌落 伤 人。

B：Sōng, jǐn táiqián shí yīng fúzhù gōngjiàn, fángzhǐ gōngjiàn diēluò shāng rén.

A：好，我 记住 了。那边 的 机器 是 水压机 还是 油压机？

A：Hǎo, wǒ jìzhù le. Nàbian de jīqì shì shuǐyājī háishì yóuyājī?

B：那个 是 水压机。

B：Nàge shì shuǐyājī.

A：和 台钳 相比，水压机 属于 大型 机械 设备。

A：Hé táiqián xiāngbǐ, shuǐyājī shǔyú dàxíng jīxiè shèbèi.

B：没错，水压机 工作 前 必须 要 检查 充水罐 的 水量 和 压力 是否

B：Méicuò, shuǐyājī gōngzuò qián bìxū yào jiǎnchá chōngshuǐguàn de shuǐliàng hé yālì shìfǒu

符合 规定。

fúhé guīdìng.

A：看来 我 还有 很多 知识 需要 学习，你 这里 有 没有 学习 资料？

A：Kànlái wǒ hái yǒu hěnduō zhīshi xūyào xuéxí, nǐ zhèlǐ yǒu méiyǒu xuéxí zīliào?

B：我 给 你 找 一 份 常用 机械 设备 的 操作 规程，你 可以 学习 一下。

B：Wǒ gěi nǐ zhǎo yī fèn chángyòng jīxiè shèbèi de cāozuò guīchéng, nǐ kěyǐ xuéxí yīxià.

A：好，谢谢 你。

A：Hǎo, xièxie nǐ.

B：不 客气。

B：Bù kèqi.

词语
Words

专业词语	拼音	词性	英语
停机	tíngjī	*v.*	halt
设备	shèbèi	*n.*	equipment
推土机	tuītǔjī	*n.*	bulldozer
手柄	shǒubǐng	*n.*	handle
规程	guīchéng	*n.*	procedure
钳身	qiánshēn	*n.*	vice body
工件	gōngjiàn	*n.*	workpiece
锤击	chuíjī	*v.*	hammering
水压机	shuǐyājī	*n.*	water hydraulic press
油压机	yóuyājī	*n.*	oil hydraulic press

常用词语	拼音	词性	英语
包括	bāokuò	*v.*	include
运转	yùnzhuǎn	*v.*	run
工程机械	gōngchéngjīxiè	*n.*	construction machinery

常用词语	拼音	词性	英语
安全防护装置	ānquánfánghù zhuāngzhì	*n.*	safety protection device
行驶	xíngshǐ	*v.*	drive
拐弯	guǎiwān	*v.*	turn
学徒工	xuétúgōng	*n.*	apprentice
工伤	gōngshāng	*n.*	industrial accident
台钳	táiqián	*n.*	bench vise
固定	gùdìng	*v.*	fix
钳台	qiántái	*n.*	vice bench
松动	sōngdòng	*v.*	loosen
防止	fángzhǐ	*v.*	prevent
跌落	diēluò	*v.*	fall
充水罐	chōngshuǐguàn	*n.*	water charging tank

注释
Notes

1. 并不是；not really

整体还是"不是"这一否定含义，关键在于前加的"并"字，此处"并"

字是副词，用在否定词"不"前加强否定语气，带有反驳意味，表示与原来对方所了解的情况相违背。

The phrase "并不是(not really)" carries a stronger negative meaning than simply saying "not". The key lies in the adverb "really", which precedes "not" to intensify the denial. It often conveys a tone of refutation, suggesting that the actual situation contradicts what the other person may have assumed or expected.

2. 很高兴认识你；nice to meet you

这句话一般用在第一次和某人认识时，与"很高兴见到你"同义，是"见到某人很高兴"的意思。在我们的日常交际中，也是一种礼貌的话语。

This sentence is generally used when meeting someone for the first time. It is synonymous with "glad to see you". It means " happy to meet someone". In our daily communication, it is also a polite expression.

语法
Grammar

一、首先……，然后……；firstly ..., then...

表示次序的关联词语，常用在承接复句中，指具有先后顺序的两个或两个以上的分句，一个接着一个地叙述连续发生的动作，或者接连发生的几件事情。需注意，"首先"不要和"第一"混用。

"首先……然后……(first...,then...)" is a set of sequence markers commonly used in compound sentences to indicate a chronological order of actions or events. It connects two or more clauses, each describing actions that happen one after another. Note: "首先" (firstly) should not be confused with "第一" (first), as they are used in different contexts.

（1）同学们首先读了一遍课文，然后认真地回答了黑板上的问题。

（2）我们首先要找到科学的练习方法，然后坚持每天练习。

（3）首先，老师在大屏幕上播放汉字的笔顺写法，然后同学们大声说出汉字的读音。

二、用"还是"提问；ask a question using "or"

"还是"用于选择问句，用来表示提问。

"还是(or)" is used as a choice question to ask a question.

（1）她妈妈是老师还是医生？

（2）你喝水还是喝牛奶？

（3）你上午去还是下午去？

三、用正反疑问形式提问；ask a question in a yes-or-no format

用谓语或谓语中的一部分组成肯定与否定相叠的方式提问，要求听话人从肯定或否定中挑选一项回答。

Ask a question with a predicate or part of a predicate consisting an overlap of a positive and a negative, and ask the listener to choose an answer from a positive or a negative.

（1）这本书贵不贵？

（2）电影好不好看？

（3）你吃不吃包子？

练习
Practices

1. 选词填空。Choose words to fill in the blanks.

即使　　介绍　　防止　　属于　　必须

（1）那么，怎样_____事故发生呢？

（2）要下雨了，我 _____赶快走。

（3）_____遇到挫折，也要乐观面对。

（4）地震_____自然灾害。

（5）请你_____一下自己。

戴　　刚才　　穿　　刚

（6）他_____没和我说这件事情。

（7）天冷了，我_____上了大衣，_____上了帽子和手套才出门。

（8）我_____搬来一个星期，对这儿的环境还不太熟悉。

（9）今天我要去参加一个派对，所以要_____一个漂亮的项链。

（10）_____我去洗手间了，你给我打电话了？

2. 正确朗读下列句子。Read the following sentences correctly.

（1）在施工现场

① 请问工程机械操作大概包括哪几个部分？

② 工程机械操作包括启动前、运转时和停机后三个阶段。

③ 你可以跟我说一下工程机械操作过程中需要注意的事情吗？

④ 首先，工程机械设备本身一定要有安全防护装置。

⑤ 然后，工程机械操作人员需要经过培训才能上岗。

⑥ 不同的机械设备有不同的操作注意事项。

⑦ 推土机上下坡时应当低速行驶，原则上不应当在坡道上拐弯。

⑧ 这要求操作人员提前了解电动工具的性能和主要结构。

⑨ 移动电动工具时必须握住手柄。

⑩ 那电动工具单次可以使用多长时间呢？

⑪ 连续使用时间不宜过长，否则容易损坏。

（2）在车间里

① 很高兴认识你。

② 将来工作中请多关照。

③ 这些机械工具你都认识吧？

④ 各类机械设备都有专业的操作规程，以防止发生工伤事故。

⑤ 即使是眼前这个小工具台钳，也要注意规范操作。

⑥ 你可以向我介绍一下使用台钳的注意事项吗？

⑦ 台钳必须牢牢地固定在钳台上，工作时应保证钳身无松动。

⑧ 台钳夹紧工件时只能用手的力量扳紧手柄，不允许锤击手柄。

⑨ 使用台钳装夹小工件时要防止钳口夹伤手指。

⑩ 松、紧台钳时应扶住工件，防止工件跌落伤人。

⑪ 那边的机器是水压机还是油压机？

⑫ 和台钳相比，水压机属于大型机械设备。

⑬ 水压机工作前必须要检查充水罐的水量和压力是否符合规定。

3. 画线部分替换练习。Please replace the underlined part with the words given.

（1）不应当<u>在坡道上转弯</u>。

> 课下不复习
>
> 睡得很晚
>
> 由我来做

（2）<u>操作时</u>需要注意什么呢？

> 在饭店　　吃些
>
> 课下　　　复习
>
> 旅行　　　准备

（3）不同的<u>机械设备</u>有不同的<u>操作注意事项</u>。

> 国家　　　　　风俗习惯
>
> 学校　　　　　规定
>
> 游乐场　　　　娱乐项目

（4）那边的机器是<u>水压机</u>还是<u>油压机</u>？

> 人　　男的　　女的
>
> 书包　绿的　　蓝的
>
> 箱子　大的　　小的

（5）和<u>台钳</u>相比，<u>水压机</u>属于<u>大型机械设备</u>。

> 新手　　我　　有经验的人
>
> 他　　　你　　个子高的
>
> 大卫　　山姆　篮球高手

（6）你这里有没有<u>学习资料</u>？

电脑

笔记本

铅笔

4.用课文一和课文二的结构，根据实际情况做替换对话练习。Use the structure of Text 1 and Text 2, do replacement dialogues according to the actual situation.

Operation：How to operate construction machinery?

Text 1: At the construction site

A: Hello, could you tell me the main parts involved in operating construction machinery?

B: Hello, the operation of construction machinery involves three stages: before start up, during operation, and after shut down.

A: OK. Can you tell me what to pay attention to during the operation of construction machinery?

B: Of course. Firstly, the construction machinery equipment itself must have safety protection devices.

A: And then what? Are there any relevant requirements for construction machinery operators as well?

B: Yes. Operators need to undergo training before they can take up their posts, and some machines shouldn't be operated while wearing gloves.

A: It sounds like operators need to continuously improve their safety awareness.

B: That's right. Besides that, different mechanical equipment has different operating precautions.

A: I see. Then what precautions should be taken when using equipment like the bulldozer and power tools you just operated?

B: Bulldozers should move slowly when going uphill or downhill, and as a rule, they shouldn't make turns on slopes.

A: Are there fewer precautions for the power tool on your right?

B: Not really. This requires operators to have a prior understanding of its performance and main structure, and to grip the handle when moving it.

A: How long can electric tools be used each time?

B: They shouldn't be used for too long continuously otherwise it is easy to damage.

A: OK, after communicating with you, I have gained some understanding of engineering machinery operation. Thank you!

B: You're welcome!

Text 2: In the workshop

A: Hello, my name is David and I am a new apprentice at the factory.

B: Hello David, nice to meet you. My surname is Wang.

A: Thank you. I look forward to working with you.

B: No problem. Do you know all these mechanical tools?

A: I recognize some of them, but I don't know how to operate them.

B: All types of mechanical equipment have professional operating procedures to prevent industrial accident.

B: Even the small tool bench vise in front of us should be operated according to proper standards.

A: Can you introduce me to the precautions for using a bench vise?

B: The bench vise must be firmly fixed to the workbench, and during use, you must ensure that it remains stable and does not loosen.

B: When clamping the vise bench with a bench vise, the handle can only be tightened by hand, and hammering the handle is not allowed.

A: If misoperation, even small tools like this can easily cause injuries.

B: Yes, especially when using bench vise to clamp small workpieces, be careful not to pinch your fingers in the jaws.

B: When loosening or tightening the bench vise, hold the workpiece to prevent it from falling and injuring people.

A: OK, I got it. Is the machine over there a water hydraulic press or a oil hydraulic press?

B: That's a water hydraulic press.

A: Compared to bench vise, hydraulic presses are large-scale mechanical equipment.

B: That's right. Before operating a hydraulic press, you must check that the water charging tank has enough water and that the pressure meets the required standards.

A: It seems that I still have a lot of knowledge to learn. Do you have any study materials available here?

B: I will get you a copy of operating procedures for commonly used mechanical equipment. You can study it.

A: OK, thank you.

B: You're welcome.

产品：展览厅里有什么？

Chǎnpǐn : zhǎnlǎntīng lǐ yǒu shénme?

课文 Text
（在 展览厅 里）
（Zài zhǎnlǎntīng lǐ）

A：早上 好，我是 科瓦契，这是 我的 名片。

A：Zǎoshang hǎo, wǒ shì Kēwǎqì, zhè shì wǒ de míngpiàn.

B：你好，科瓦契 先生，很 高兴 见到 您。我叫李华，是 河钢集团

B：Nǐ hǎo, Kēwǎqì xiānshēng, hěn gāoxìng jiàndào nín. Wǒ jiào Lǐ Huá, shì Hégāng jítuán

石钢 公司 的 代表。

Shígāng gōngsī de dàibiǎo.

B：您 是 哪 国 人？

B：Nín shì nǎ guó rén?

A：我 是 塞尔维亚人，这 是 我 第一 次 来到 石家庄，这里 的 人 都 很

A：Wǒ shì Sàiěrwéiyà rén, zhè shì wǒ dì-yī cì láidào Shíjiāzhuāng, zhèlǐ de rén dōu hěn

热情。

rèqíng.

B：谢谢，欢迎 您 来到 我们 公司。

B：Xièxie, huānyíng nín láidào wǒmen gōngsī.

A：我 一直 对 你们 公司 的 产品 感 兴趣。

A：Wǒ yīzhí duì nǐmen gōngsī de chǎnpǐn gǎn xìngqù.

B：我们 公司 的 产品 种类 丰富，在 国内外 都 很 受 欢迎。您

B：Wǒmen gōngsī de chǎnpǐn zhǒnglèi fēngfù, zài guónèiwài dōu hěn shòu huānyíng. Nín

参观过 展览厅 了吗?

cānguānguo zhǎnlǎntīng le ma?

A: 没有, 展览厅 里 都 有 什么?

A: Méiyǒu, zhǎnlǎntīng lǐ dōu yǒu shénme?

B: 展览厅 展出 的大部分 是 我们 公司 的 产品,比如 热轧 卷板、

B: Zhǎnlǎntīng zhǎnchū de dà bùfen shì wǒmen gōngsī de chǎnpǐn, bǐrú rèzhá juǎnbǎn,

酸洗 卷板、冷轧 卷板 和 棒材 等。

suānxǐ juǎnbǎn, lěngzhá juǎnbǎn hé bàngcái děng.

A: 热轧 卷板 是 什么?

A: Rèzhá juǎnbǎn shì shénme?

B: 热轧 卷板 是 加热 后 由 粗轧 机组 及 精轧 机组 制成 的 带钢。

B: Rèzhá juǎnbǎn shì jiārè hòu yóu cūzhá jīzǔ jí jīngzhá jīzǔ zhìchéng de dàigāng.

A: 这些 是 热轧 卷板 吗?

A: Zhèxiē shì rèzhá juǎnbǎn ma?

B: 是的, 冷成型用 热轧 钢带、低合金 高强钢 和 普通 碳素钢

B: Shìde, lěngchéngxíngyòng rèzhá gāngdài, dīhéjīn gāoqiánggāng hé pǔtōng tànsùgāng

都 是 热轧 卷板。

dōu shì Rèzhá juǎnbǎn.

A: 这 是 什么?

A: Zhè shì shénme?

B: 这 是 含 钛 特色 热轧 卷板,是 我们 公司 的 优势 产品。

B: Zhè shì hán tài tèsè rèzhá juǎnbǎn, shì wǒmen gōngsī de yōushì chǎnpǐn.

A: 它 的 优势 有 哪些?

A: Tā de yōushì yǒu nǎxiē?

B：含 钛 特色 热轧 卷板 具有 清洁、强度 高、塑性 好 和 表面 质量

B：Hán tài tèsè rèzhá juǎnbǎn jùyǒu qīngjié, qiángdù gāo, sùxìng hǎo hé biǎomiàn zhìliàng

高 的 优势。

gāo de yōushì.

A：买 这个 产品 的 客户 多 吗？

A：Mǎi zhège chǎnpǐn de kèhù duō ma?

B：很 多，许多 汽车 生产 和 集装箱 制造 等 领域 的 客户 都 购买

B：Hěn duō, xǔduō qìchē shēngchǎn hé jízhuāngxiāng zhìzào děng lǐngyù de kèhù dōu gòumǎi

我们 的 产品。

wǒmen de chǎnpǐn.

A：那 你们 的 销售 市场 主要 是 哪些 地区？

A：Nà nǐmen de xiāoshòu shìchǎng zhǔyào shì nǎxiē dìqū?

B：我们 的 产品 主要 销售 到 亚洲、欧洲、非洲、北美洲 和 南美洲

B：Wǒmen de chǎnpǐn zhǔyào xiāoshòu dào Yàzhōu, Ōuzhōu, Fēizhōu, Běiměizhōu hé Nánměizhōu

等 地区。我们 一直 致力于 开拓 新 市场，并且 与 很多 客户 建立了

děng dìqū. Wǒmen yīzhí zhìlì yú kāituò xīn shìchǎng, bìngqiě yǔ hěnduō kèhù jiànlìle

长期 稳定 的 合作 关系。

chángqī wěndìng de hézuò guānxì.

A：好的，谢谢 你 的 介绍。

A：Hǎode, xièxie nǐ de jièshào.

B：不 客气，如果 您 对 我们 的 产品 有 任何 需求 或者 疑问，欢迎 随时

B：Bù kèqi, rúguǒ nín duì wǒmen de chǎnpǐn yǒu rènhé xūqiú huòzhě yíwèn, huānyíng suíshí

与 我们 联系。

yǔ wǒmen liánxì.

词语
Words

专业词语	拼音	词性	英语
部分	bùfen	*n.*	part
热轧卷板	rèzhájuǎnbǎn	*n.*	hot rolled coil
酸洗卷板	suānxǐjuǎnbǎn	*n.*	acid washing coil
冷轧卷板	lěngzhájuǎnbǎn	*n.*	cold rolled coil
棒材	bàngcái	*n.*	rod
粗轧机组	cūzhájīzǔ	*n.*	roughing mill train
精轧机组	jīngzhájīzǔ	*n.*	finishing mill train
带钢	dàigāng	*n.*	strip steel
冷成型用热轧钢带	lěngchéngxíng yòngrèzhágāngdài	*n.*	hot rolled steel strip for cold forming
低合金高强钢	dīhéjīngāoqiánggāng	*n.*	high strength low alloy steel
普通碳素钢	pǔtōngtànsùgāng	*n.*	common straight carbon steel
含钛特色热轧卷板	hántàitèsèrèzhájuǎnbǎn	*n.*	titanium with featured hot rolling coil

专业词语	拼音	词性	英语
集装箱	jízhuāngxiāng	*n.*	container
制造	zhìzào	*v.*	manufacture
市场	shìchǎng	*n.*	market

常用词语	拼音	词性	英语
名片	míngpiàn	*n.*	business card
代表	dàibiǎo	*n.*	representative
热情	rèqíng	*adj.*	enthusiastic
丰富	fēngfù	*adj.*	abundant
比如	bǐrú	*adv.*	such as

注释
Notes

1. 这是我的名片；here is my business card

在商务场合中，人们常以交换名片作为商谈与合作的开始。除了递上名片外，还可以加上一些礼貌用语，比如：很高兴认识您，这是我的名片。这样可以让对方感受到你的诚意和友好。

In business settings, people often start negotiations and collaborations by exchanging business cards. In addition to handing over the business card, it's polite to say something like, "Nice to meet you. Here's my business card". This can make the other person feel your sincerity and friendliness.

2. 和，连词；and, conjunction

词"和"通常连接代词、名词或名词短语，例如"他和她""亚洲和非洲""汽车生产和集装箱制造"。连词"和"不能连接两个句子，也很少用于连接两个动词或形容词。

The word "和(and)" typically connects pronouns, nouns, or noun phrases, such as "he and she" "Asia and Africa" "automobile production and container manufacturing". The conjunction "和" cannot connect two sentences and is rarely used to connect two verbs or adjectives.

语法
Grammar

一、"是"字句；the sentence "am/is/are"

在"是"字句中，动词"是"用来连接两个相关的部分，可以是名词、代词或名词短语。否定句式是在"是"前面加"不"，注意否定副词"不"一定加在"是"的前面。

In the "是" sentence (the sentence "am/is/are"), the verb "是(am/is/are)" is used to connect two related parts, which can be a noun, pronoun, or noun phrase. The negative sentence structure is to add "不(not)" before "是(am/is/are)", and it is important to note that the negative adverb "不(not)" must be added before "是(am/is/are)".

（1）这是我的名片。

（2）我是塞尔维亚人。

（3）他不是公司的员工。

二、疑问代词；interrogative pronouns

疑问代词是用来提出疑问或表示不确定的人、事物、时间、地点等的代词。在句子中疑问代词通常位于句首或动词前，构成疑问句。

Interrogative pronouns are used to raise questions or indicate uncertain people, things, times, places, etc. They are usually located at the beginning of a sentence or before a verb, forming interrogative sentences.

（1）谁来过办公室了？

（2）你最喜欢吃什么水果？

练习
Practices

1. 完成对话。Complete the conversation.

（1）A：_____？

B：这是冷轧卷板。

（2）A：_____？

B：我是石家庄人。

（3）A：_____？

B：那是酸洗卷板。

（4）A：_____？

B：我们公司生产热轧卷板和棒材。

2. 连词成句。Conjunctions into sentences.

（1）和 欧洲 美洲 是 都 的 我们 市场

_____。

（2）哪些 优势 有 含钛特色热轧卷板

_____？

（3）欢迎 受 在 产品 都 国内 国外 和 很

_____。

3. 假如你是公司的销售人员，你会怎样向客户介绍公司的某一产品呢？根据实际情况做对话练习（可以从产品的质量、优势、特点、售后服务、价格等方面入手）。If you were a company salesperson, how would you introduce a company product to a customer? Practice the dialogue based on a real-life scenario (You may start from the product quality, advantages, characteristics, after-sales service, price and other aspects).

Product: What is in the exhibition hall?

Text: In the exhibition hall

A: Good morning, I am Kovac, and here is my business card.

B: Hello, Mr. Kovach, nice to meet you. I am Li Hua, the representative of Shigang Company of HBIS Group.

B: Which country are you from?

A: I am from Serbia and this is my first time visiting Shijiazhuang. The people here are very enthusiastic.

B: Thank you, welcome to our company.

A: I have always been interested in your company's products.

B: Our company offers a wide variety of products that are popular at home and abroad. Have you visited the exhibition hall?

A: Not yet. What's in the exhibition hall?

B: Most of the products exhibited in the exhibition hall are from our company, such as hot rolled coils, acid washing coils, cold rolled coils, and rods.

A: What is hot rolled coil?

B: A hot rolled coil is a strip steel produced by a roughing mill train and a finishing mill train after heating.

A: Are these hot rolled coils?

B: Yes, hot rolled steel strips for cold forming, high strength low alloy steel, and common straight carbon steel are all hot rolled coils.

A: What is this?

B: This is a titanium wiht featured hot rolled coil, which is one of our company's specialty products.

A: What advantages does it have?

B: Titanium containing hot rolled coils have the advantages of cleanliness, high strength, good plasticity, and excellent surface quality.

A: Are there many customers for this product?

B: Yes, many customers in fields like automobile production and container manufacturing purchase our products.

A: Which regions are your main sales markets?

B: Our products are mainly sold to Asia, Europe, Africa, North America and South America. We are dedicated to expanding into new markets and have established long-term and stable partnerships with many clients.

A: OK, thank you for the introduction.

B: You're welcome. If you have any needs or questions about our products, please feel free to contact us at anytime.

工具：你可以向我介绍一下这些
Gōngjù: nǐ kěyǐ xiàng wǒ jièshào yīxià zhèxiē
机械工具吗？
jīxiè gōngjù ma?

课文一 Text 1
（在车间里）
（Zài chējiān lǐ）

A：你好，我叫王兵，我是来钢厂参观的。

A：Nǐ hǎo, wǒ jiào Wáng Bīng, wǒ shì lái gāngchǎng cānguān de.

B：你好，王兵。我是维奇。我有什么能帮你的吗？

B：Nǐ hǎo, Wáng Bīng. Wǒ shì Wéiqí. Wǒ yǒu shénme néng bāng nǐ de ma?

A：你可以向我介绍一下这些机械工具吗？

A：Nǐ kěyǐ xiàng wǒ jièshào yīxià zhèxiē jīxiè gōngjù ma?

B：没问题，我们边走边说。

B：Méi wèntí, wǒmen biān zǒu biān shuō.

A：好！

A：Hǎo!

B：钢铁生产是一项系统工程，主要包括铁前系统、炼钢

B：Gāngtiě shēngchǎn shì yī xiàng xìtǒng gōngchéng, zhǔyào bāokuò tiěqián xìtǒng, liàngāng

系统、轧钢系统。

xìtǒng, zhágāng xìtǒng.

A：这些系统都包含哪些设备呢？

A：Zhèxiē xìtǒng dōu bāohán nǎxiē shèbèi ne?

B：铁前系统有大型焦炉、烧结机、高炉等；炼钢系统有转炉、

B：Tiěqián xìtǒng yǒu dàxíng jiāolú, shāojiéjī, gāolú děng; liàngāng xìtǒng yǒu zhuànlú,

电弧炉；轧钢　系统 有　热轧板卷 轧机、宽厚板 轧机、酸洗 冷轧　联合

diànhúlú; zhágāng xìtǒng yǒu rèzhá bǎnjuǎn zhájī, kuānhòubǎn zhájī,   suānxǐ lěngzhá liánhé

机组、棒材　轧机、线材 轧机 和 型材 轧机。

jīzǔ,   bàngcái zhájī,   xiàncái zhájī   hé xíngcái zhájī.

A：钢铁　的　生产　　过程　　真 复杂 啊！

A： Gāngtiě de shēngchǎn guòchéng zhēn fùzá a!

B：是 啊，不过 现在　 钢厂　 的　炼钢 技术 已经 实现了 自动化。目前，

B： Shì a,   bùguò xiànzài gāngchǎng de liàngāng jìshù yǐjīng shíxiànle zìdònghuà. Mùqián,

我们 公司 已经　 形成了 采矿、炼铁、炼钢、　轧钢　及 深 加工

wǒmen gōngsī yǐjīng xíngchéngle cǎikuàng, liàntiě, liàngāng, zhágāng jí shēn jiāgōng

等　 全流程　的 钢铁　生产　制造 技术。

děng quánliúchéng de gāngtiě shēngchǎn zhìzào jìshù.

A：原来 现在 的　生产　技术 已经 这么 先进 了。非常　感谢 你的 讲解，

A： Yuánlái xiànzài de shēngchǎn jìshù yǐjīng zhème xiānjìn le. Fēicháng gǎnxiè nǐ de jiǎngjiě,

我 对 这些 机械 工具 有了 更　深 的 认识。

wǒ duì zhèxiē jīxiè gōngjù yǒule gèng shēn de rènshi.

B：不 客气，有 问题 可以 再 联系 我。

B： Bù kèqi,   yǒu wèntí kěyǐ zài liánxì wǒ.

A：好的，谢谢 你，再见。

A： Hǎode, xièxie nǐ,   zàijiàn.

B：再见。

B： Zàijiàn.

课文二 Text 2
（在 工厂 内）
（Zài gōngchǎng nèi）

A：你好，你可以给我介绍一下 这些 工程 机械工具 的 功能 吗?

A：Nǐ hǎo,　nǐ　kěyǐ　gěi　wǒ jièshào yīxià zhèxiē gōngchéng jīxiè　gōngjù de gōngnéng ma?

B：可以。你的 旁边 是 鼓风机，这是 一 种 辅助 输送 气体 的 通用

B：Kěyǐ.　Nǐ de pángbiān shì　gǔfēngjī,　zhè shì yī zhǒng fǔzhù shūsòng qìtǐ　de tōngyòng

机械。

jīxiè.

A：好的，我 看到 这边 有一些 简单 的工具，它们 是 做 什么 用 的?

A：Hǎode,　wǒ kàndào zhèbiān yǒu yīxiē jiǎndān de gōngjù,　tāmen shì zuò shénme yòng de?

B：你手里 拿着的工具 叫作 "台钳"，这是 钳工 必备的工具，

B：Nǐ shǒu lǐ　názhe de gōngjù jiàozuò "táiqián",　zhè shì qiángōng bìbèi de gōngjù,

除此之外，还有 齿轮 加工 刀具。

chúcǐzhīwài,　hái yǒu chǐlún jiāgōng dāojù.

A：这里有 哪几种 齿轮 加工 刀具 呢?

A：Zhèlǐ　yǒu nǎ jǐ zhǒng chǐlún jiāgōng dāojù　ne?

B：这里有 滚刀和插齿刀 两 种。

B：Zhèlǐ　yǒu gǔndāo hé chāchǐdāo liǎng zhǒng.

A：这 两 种 工具有 什么 区别?

A：Zhè liǎng zhǒng gōngjù yǒu shénme qūbié?

B：它们 分别 是 放在滚齿机 和插齿机 上 的工具。

B：Tāmen fēnbié shì fàng zài gǔnchǐjī　hé　chāchǐjī shang de gōngjù.

A：好的，可以 看出 这里 的 工程 机械工具 很 多，不仅 有 自动化 的

A：Hǎode, kěyǐ kànchū zhèlǐ de gōngchéng jīxiè gōngjù hěn duō, bùjǐn yǒu zìdònghuà de

机器，还 有 适合 调整 构件 的 加工 工具。

jīqì, hái yǒu shìhé tiáozhěng gòujiàn de jiāgōng gōngjù.

B：是的，跟我手 中 这 种 原来 的工具 —— 手动 扳手 不 一样，

B：Shìde, gēn wǒ shǒu zhōng zhè zhǒng yuánlái de gōngjù — shǒudòng bānshou bù yīyàng,

现代化 的 工程 机械工具 更 具 优势。

xiàndàihuà de gōngchéng jīxiè gōngjù gèng jù yōushì.

A：这 种 优势 体现 在 什么 方面 呢？

A：Zhè zhǒng yōushì tǐxiàn zài shénme fāngmiàn ne?

B：比如 机械手，它 是 一 种 操纵 及 控制 装置， 并且 与 人 手 的

B：Bǐrú jīxièshǒu, tā shì yī zhǒng cāozòng jí kòngzhì zhuāngzhì, bìngqiě yǔ rén shǒu de

功能 相似， 对 工程 机械 来说，这 是 一 个 较 大 的 发展。

gōngnéng xiāngsì, duì gōngchéng jīxiè láishuō, zhè shì yī gè jiào dà de fāzhǎn.

A：听完 你 的 介绍，我 大概 了解 工程 机械工具 的 相关 情况 了，

A：Tīngwán nǐ de jièshào, wǒ dàgài liǎojiě gōngchéng jīxiè gōngjù de xiāngguān qíngkuàng le,

谢谢！

xièxie!

B：不 客气。

B：Bù kèqi.

词语
Words

专业词语	拼音	词性	英语
包含	bāohán	*v.*	include
大型焦炉	dàxíngjiāolú	*n.*	large coke oven
烧结机	shāojiéjī	*n.*	sintering machine
高炉	gāolú	*n.*	blast furnace
转炉	zhuànlú	*n.*	converter
电弧炉	diànhúlú	*n.*	electric arc furnace
热轧板卷轧机	rèzhábǎnjuǎnzhájī	*n.*	hot rolled coil mill
宽厚板轧机	kuānhòubǎnzhájī	*n.*	broad plate rolling mill
酸洗冷轧联合机组	suānxǐlěngzháliánhé jī zǔ	*n.*	combined pickling and tandem cold polling mill train
棒材轧机	bàngcáizhájī	*n.*	bar mill
线材轧机	xiàncáizhájī	*n..*	wire rod mill
型材轧机	xíngcáizhájī	*n.*	section mill
功能	gōngnéng	*n.*	function
滚刀	gǔndāo	*n.*	hob

专业词语	拼音	词性	英语
滚齿机	gǔnchǐjī	*n.*	gear hobbing machine
插齿机	chāchǐjī	*n.*	gear shaping machine
构件	gòujiàn	*n.*	component
扳手	bānshou	*n.*	wrench
现代化	xiàndàihuà	*n.*	modernization
优势	yōushì	*n.*	advantage
机械手	jīxièshǒu	*n.*	manipulator
发展	fāzhǎn	*n.*	development

常用词语	拼音	词性	英语
介绍	jièshào	*v./n.*	introduce/introdution
铁前系统	tiěqiánxìtǒng	*n.*	before iron-making system
炼钢系统	liàngāngxìtǒng	*n.*	steel-making system
轧钢系统	zhágāngxìtǒng	*n.*	rolling system

注释
Notes

1. 我有什么能帮你的吗？How can I help you?

礼貌用语。在任何场合都可以使用这句话，既可以是一句礼貌性的问候，也可以代表自己确实想为对方做点什么。

This is a polite phrase. It can be used in any situation, both as a courteous greeting and to genuinely offer assistance to the other person.

2. 你可以向我介绍一下……吗？Can you introduce...to me?

多用于对某件事的提问，表达提问者想从被提问者这里了解一些事。比如，"你可以向我介绍一下自己吗？""你可以向我介绍一下你的公司吗？"，"介绍"表示通过沟通使双方发生联系。

This is often used when asking about something, expressing that the questioner wants to learn something from the person being asked. For example, "Can you introduce yourself to me?" "Can you introduce your company to me?" The term "introduce" means to establish a connection through communication.

3. 这两种工具有什么区别？What is the difference between these two tools?

对比两种不同功能的工具，询问它们之间不同的区别。其中"两种"可以替换为"三种""几种""两类"等数量词，"工具"可以替换为具有区别性的事物类名词。

This phrase compares two tools with different functions and asks about the distinctions between them. The term "two" can be replaced with "three" "several" "two types" or other quantifiers, and "tools" is often replaced with other nouns representing distinguishable items.

语法
Grammar

一、是……的；emphatic sentence

"是……的"是强调句，"……"表示强调的部分，可以是时间、地点、动作等。

"是……的" is an emphatic sentence, the part "......" shows emphasis, it can be time, place, action, etc.

（1）我是昨天到北京的。

（2）他是在网上买的手机。

（3）我们是坐飞机来的。

二、对……来说；from the point of someone or something

"对……来说"引进与动作有关的事物或对象，并对此加以强调，表示从某人或某事的角度来看。

"对……来说(from the point of someone or something)" is a preposition that introduces something or an object related to an action and emphasis it, meaning from the point of view of someone or something.

（1）对他说，这是一个很好的机会。

（2）对大学生来说，走出学校，融入社会，增长见识，是十分重要的。

（3）对留学生来说，认真学习一门语言可以让生活更加便利。

练习
Practices

1. 正确朗读以下机械专业术语。Read the following mechanical terms correctly.

大型焦炉	转炉	宽厚板轧机	台钳
烧结机	电弧炉	酸洗冷轧联合机组	滚刀
高炉	热轧板卷轧机	烧结机	插齿刀
棒材轧机	线材轧机	型材轧机	滚齿机

2. 正确朗读下列句子。Read the following sentences correctly.

（1）我有什么能帮你的吗？

（2）你可以向我介绍一下这些机械工具吗？

（3）这些系统都包含哪些设备呢？

（4）钢铁的生产过程真复杂啊！

（5）现在钢厂的炼钢技术已经实现了自动化。

（6）台钳，这是钳工必备的工具。

（7）这里有滚刀和插齿刀两种。

（8）它们分别是放在滚齿机和插齿机上的工具。

（9）这里不仅有自动化的机器，还有适合调整构件的加工工具。

（10）对工程机械来说，这是一个较大的发展。

3. 画线部分替换练习。Please replace the underlined part with the words given.

（1）我是来<u>钢厂</u>　<u>参观</u>的。

　　　　　　公司　　上班

　　　　　　车间　　学习

　　　　　　塞尔维亚　工作

（2）<u>我们</u>边<u>走</u>边<u>说</u>。

　　　他们　唱　跳

　　　王兵　吃　看

　　　维奇　说　笑

（3）非常感谢你的<u>讲解</u>。

　　　　　　　　　帮助

　　　　　　　　　关心

　　　　　　　　　邀请

（4）这跟我<u>手中的工具</u>不一样。

　　　　　　见到的景色

　　　　　　喝过的咖啡

　　　　　　看过的书

（5）这里有哪几种<u>齿轮加工工具</u>呢？

　　　　　女士服装

　　　　　饮料

　　　　　蔬菜水果

（6）这两种<u>工具</u>有什么区别？

　　　　　电脑

　　　　　语言

　　　　　拍照方式

4.用课文一和课文二的结构，根据实际情况做替换对话练习。Use the structure of Text 1 and Text 2, do replacement dialogues according to the actual situation.

Tool: Can you introduce these mechanical tools to me?

Text 1: In the workshop

A: Hello, my name is Wang Bing, I'm here to visit the steel mill.

B: Hello, Wang Bing. I'm Vicky. How can I help you?

A: Could you introduce these mechanical tools to me?

B: No problem, let's talk as we walk.

A: Great!

B: Steel production is a systematic process, mainly including the before iron-making system, steel-making system, and rolling system.

A: What kind of equipment is used in each system?

B: The before iron-making system has large coke ovens, sintering machines, blast furnaces, etc; the steel making system has converters and electric arc furnaces; the rolling system consists of hot rolling coil mills, broad plate rolling mills, combined pickling and tandem cold rolling mill trains, bar mills, wire rod mills, and section mills.

A: The production process of steel is really complex!

B: Yes, but now the steel making technology in steel mills has achieved automation. Currently, our company has already developed a complete production process covering, iron making, steel making, and rolling deep processing.

A: I see, the production technology is already so advanced. Thank you very much for your explanation, I have a deeper understanding of these mechanical tools.

B: You're welcome, feel free to contact me if you have any questions.

A: OK, thank you, goodbye.

B: Goodbye.

Text 2: In the factory

A: Hello, could you tell me about the functions of these construction machinery tools?

B: Sure. The one next to you is a blower, which is a general-purpose machine for assisting in the transport of gases.

A: Alright, I also see some simple tools over here. What are they used for?

B: The tool you're holding is called "vise", which is an essential tool for fitters, and there are also gear cutting tools.

A: What kinds of gear cutting tools are there here?

B: There are hobs and gear shaper cutters.

A: What's the difference between these two tools?

B: They are used on gear hobbing machines and gear shaping machines respectively.

A: It that there are many construction machinery tools here, including not only automated machines but also processing tools suitable for adjusting components.

B: Yes, they are different from the manual wrench I have in my hand. Modern construction machinery tools have more advantages.

A: In what aspects do they manifest their advantages?

B: For example, take the industrial manipulator. It's a control and operating device with functions similar to a human hand. It represents a significant development in construction machinery.

A: After listening to your introduction, I have a general understanding of the relevant situation of construction machinery tools, thank you!

B: You're welcome.

材料：如何 让 钢材 有 更好 的 韧性？

Cáiliào: rúhé ràng gāngcái yǒu gènghǎo de rènxìng?

课文 Text

（在 钢厂）
（Zài gāngchǎng）

A：这 一 天 我 期待 太 久 了！我 终于 有 机会 实地 参观 河钢 集团 的

A：Zhè yī tiān wǒ qīdài tài jiǔ le！Wǒ zhōngyú yǒu jīhuì shídì cānguān Hégāng jítuán de

钢厂 了！

gāngchǎng le！

B：是 啊，河钢 集团 的 钢厂 果然 名副其实，快 看 这些 设备，壮观

B：Shì a, Hégāng jítuán de gāngchǎng guǒrán míngfùqíshí, kuài kàn zhèxiē shèbèi, zhuàngguān

极 了！

jí le！

C：欢迎 你们！我 是 负责 钢厂 原料 供应 的 陈工，今天 将 由

C：Huānyíng nǐmen！Wǒ shì fùzé gāngchǎng yuánliào gōngyìng de Chéngōng, jīntiān jiāng yóu

我 给 你们 讲解 钢材 知识。

wǒ gěi nǐmen jiǎngjiě gāngcái zhīshi.

A，B：陈工 您好！

A，B：Chéngōng nínhǎo！

C：材料 是 人类 生产 生活 的 物质 基础，用于 机械 工程 领域 的

C：Cáiliào shì rénlèi shēngchǎn shēnghuó de wùzhì jīchǔ, yòngyú jīxiè gōngchéng lǐngyù de

材料 被 称为 机械 工程 材料。它 所 包含 的 范围 很 广，比如：

cáiliào bèi chēngwéi jīxiè gōngchéng cáiliào. Tā suǒ bāohán de fànwéi hěn guǎng, bǐrú:

高分子 材料、复合 材料、金属 材料 等，今天 我们 主要 学习 的 钢材

gāofēnzǐ cáiliào, fùhé cáiliào, jīnshǔ cáiliào děng, jīntiān wǒmen zhǔyào xuéxí de gāngcái

便 是 金属 材料 中 的 一 种。

biàn shì jīnshǔ cáiliào zhōng de yī zhǒng.

B：我 知道 钢材 也 叫作 黑色 金属 材料，它 和 铁 是 工业 生产 中

B：Wǒ zhīdào gāngcái yě jiàozuò hēisè jīnshǔ cáiliào, tā hé tiě shì gōngyè shēngchǎn zhōng

应用 最 广、用量 最 多 的 金属 材料。

yìngyòng zuì guǎng, yòngliàng zuì duō de jīnshǔ cáiliào.

A：我 也 知道，钢 是 以 铁 和 碳 为 主要 元素 的 合金。

A：Wǒ yě zhīdào, gāng shì yǐ tiě hé tàn wéi zhǔyào yuánsù de héjīn.

C：没错，钢 是 一 种 铁碳合金，通常 含有 0.02%～2.11% 的 碳。

C：Méicuò, gāng shì yī zhǒng tiětànhéjīn, tōngcháng hányǒu 0.02%～2.11% de tàn.

它 的 主要 特点 是 硬度 高、韧性 好、耐磨损、耐腐蚀 等。而 这些

Tā de zhǔyào tèdiǎn shì yìngdù gāo, rènxìng hǎo, nài mósǔn, nài fǔshí děng. Ér zhèxiē

特性 可以 通过 钢材 中 碳 含量 和 加工 方式 来 控制 和 调节。

tèxìng kěyǐ tōngguò gāngcái zhōng tàn hánliàng hé jiāgōng fāngshì lái kòngzhì hé tiáojié.

B：如果 我 想 提高 钢材 的 硬度，应该 怎么 做 呢？

B：Rúguǒ wǒ xiǎng tígāo gāngcái de yìngdù, yīnggāi zěnme zuò ne?

C：提高 碳 含量 是 一 种 方法，但是 过高 的 碳 含量 也 会 降低 钢材

C：Tígāo tàn hánliàng shì yī zhǒng fāngfǎ, dànshì guò gāo de tàn hánliàng yě huì jiàngdī gāngcái

的 韧性 和 可塑性，使得 其 更 易 碎裂。另 一 种 方法 是 通过 淬火

de rènxìng hé kěsùxìng, shǐdé qí gèng yì suìliè. Lìng yī zhǒng fāngfǎ shì tōngguò cuìhuǒ

使 钢材 硬化。淬火 就 是 在 将 钢材 加热 至 临界 温度 后 迅速 冷却，

shǐ gāngcái yìnghuà. Cuìhuǒ jiù shì zài jiāng gāngcái jiārè zhì línjiè wēndù hòu xùnsù lěngquè,

形成　固溶体 而 变 硬。

xíngchéng gùróngtǐ　ér biàn yìng.

A：原来 是 这样 啊。那么 如何 让 钢材 有 更 好 的 韧性 呢？

A：Yuánlái shì zhèyàng a.　Nàme　rúhé ràng gāngcái yǒu gèng hǎo de rènxìng ne?

C：增加　钢 中 其他 元素 的 含量（比如锰、硅、铬 等）是 一 种 方法，

C：Zēngjiā gāng zhōng qítā yuánsù de hánliàng (bǐrú měng, guī,　gè děng) shì yī zhǒng fāngfǎ,

同时　采用 合适 的 加工 方式 也 能 提高 钢材 的 韧性。例如，冷加工

tóngshí cǎiyòng héshì de jiāgōng fāngshì yě néng tígāo gāngcái de rènxìng.　Lìrú, lěngjiāgōng

和 热处理 等 方法 都 可以 增加 钢材 的 可塑性 和 韧性。

hé rèchǔlǐ děng fāngfǎ dōu kěyǐ zēngjiā gāngcái de kěsùxìng hé rènxìng.

B：那么，我们 这些 实习生 将来 会 接触 哪些 加工 方式 呢？

B：Nàme,　wǒmen zhèxiē shíxíshēng jiānglái huì jiēchù nǎxiē jiāgōng fāngshì ne?

C：钢材　的 加工 方式 非常 多，常见 的 包括 锻造、轧制、拉伸 等。

C：Gāngcái de jiāgōng fāngshì fēicháng duō, chángjiàn de bāokuò duànzào, zházhì,　lāshēn děng.

其中，锻造 是 通过 对 钢材 施加 压力 使其 形变 从而 得到 想要

Qízhōng, duànzào shì tōngguò duì gāngcái shījiā　yālì　shǐ qí xíngbiàn cóngér dédào xiǎngyào

形状　和 尺寸 的 方法；轧制 则 是 将 大块 钢坯 压成 所需 的 板材

xíngzhuàng hé chǐcùn de　fāngfǎ; zházhì zé　shì jiāng dàkuài gāngpī yāchéng suǒ xū de bǎncái

或 型材；拉伸 是 通过 将 钢材 经过 一系列 的 工艺 处理 使 其 在

huò xíngcái; lāshēn shì tōngguò jiāng gāngcái jīngguò　yīxìliè de　gōngyì chǔlǐ shǐ qí zài

一定 的 压力 下 发生 塑性 变形 的 过程，　常 用于 生产 线材

yīdìng de　yālì　xià fāshēng sùxìng biànxíng de guòchéng, cháng yòngyú shēngchǎn xiàncái

和 钢丝。

hé gāngsī.

A：原来 这么 复杂，我们 要 赶紧 学习 才行 啊！

A：Yuánlái zhème fùzá, wǒmen yào gǎnjǐn xuéxí cáixíng a!

B：是 啊，陈工， 感谢 您 的 讲解，我们 一定 会 认真 学习 的。

B：Shì a, Chéngōng, gǎnxiè nín de jiǎngjiě, wǒmen yīdìng huì rènzhēn xuéxí de.

C：不 客气，有 问题 随时 问 我 就 行。

C：Bù kèqi, yǒu wèntí suíshí wèn wǒ jiù xíng.

词语
Words

专业词语	拼音	词性	英语
高分子材料	gāofēnzǐcáiliào	*n.*	polymer materials
复合材料	fùhécáiliào	*n.*	composite materials
金属材料	jīnshǔcáiliào	*n.*	metallic materials
合金	héjīn	*n.*	alloy
韧性	rènxìng	*n.*	toughness
淬火	cuìhuǒ	*v.*	quenching
临界温度	línjièwēndù	*n.*	critical temperature
固溶体	gùróngtǐ	*n.*	solid solution
冷加工	lěngjiāgōng	*n.*	cold working
热处理	rèchǔlǐ	*n.*	hot treatment
接触	jiēchù	*v.*	contact
锻造	duànzào	*n.*	forging
轧制	zházhì	*n.*	rolling
拉伸	lāshēn	*n.*	stretching
变形	biànxíng	*n.*	deformation

常用词语	拼音	词性	英语
原料供应	yuánliàogōngyìng	*v.*	raw material supply
硬度	yìngdù	*n.*	hardness
耐磨损	nàimósǔn	*adj.*	wear resistance
腐蚀	fǔshí	*adj.*	corrosion
碳含量	tànhánliàng	*n.*	carbon content

注释
Notes

1. 赶紧；hurry up

"赶紧"是一个副词，意为抓紧时间快速进行，后面搭配动词，如"赶紧过来""赶紧去上学""赶紧吃饭"等。

"赶紧(hurry up)" is an adverb, meaning to hurry up. It is followed by verbs, such as "hurry up to come here" "hurry to school" "hurry to eat", etc.

2. 极了；extremely

"极了"是一个程度补语，前面常搭配形容词，表示某种状态达到了极致，程度很深。

"极了(extremely)" is a complement of degree. It is often preceded by adjectives to indicate that a certain state has reached the extreme and the degree is very deep.

语法
Grammar

要是……就……；If...then...

"要是……就……"常用于表示假设关系的复句中，"要是"后面是所提出的假设，"就"后面是满足这种假设所产生的结果。

"要是……就……(if...then...)" is often used in complex sentences that express hypothetical relationships. "要是" is followed by the proposed hypothesis, and "就" is followed by the result of meeting this hypothesis.

（1）要是早知道这里的物价这么高，我就多带点儿钱了。

（2）你要是这么不喜欢这份工作，就赶紧去辞职。

练习
Practices

1. 正确朗读以下机械专业术语。Read the following mechanical terms correctly.

高分子材料	淬火
复合材料	锻造
金属材料	轧制
合金	拉伸
硬度	碳含量

2. 正确朗读下列句子。Read the following sentences correctly.

（1）用于机械工程领域的材料被称为机械工程材料。

（2）钢是以铁和碳为主要元素的合金。

（3）它的主要特点是硬度高、韧性好、耐磨损、耐腐蚀等。

（4）如果我想提高钢材的硬度，应该怎么做呢？

（5）通过淬火使钢材硬化。

（6）采用合适的加工方式也能提高钢材的韧性。

（7）钢材的加工方式非常多，常见的包括锻造、轧制、拉伸等。

（8）材料是人类生产生活的物质基础。

3. 选择正确的选项。Choose the correct option.

（1）如果想要提高钢材的硬度，以下哪种方法是正确的？

    A. 降低碳含量

    B. 提高碳含量

    C. 采用合适的加工方式

    D. 将钢材加热至临界温度

（2）钢材的加工方式中，以下哪种方式不属于常见的加工方式？

    A. 锻造

    B. 轧制

    C. 拉伸

    D. 热喷涂

（3）以下哪个陈述是正确的？

    A. 加工可以增加钢材的可塑性和韧性

    B. 拉伸是通过将钢材加热使其发生塑性变形的过程

    C. 锻造是将大块钢坯压成所需的板材或型材的方法

    D. 热处理可以增加钢材的硬度

（4）钢材的主要特点是什么？

    A. 韧性好、硬度低、易碎裂、耐磨损

    B. 韧性好、耐腐蚀、硬度高、耐磨损

    C. 韧性差、耐腐蚀、硬度高、易碎裂

    D. 韧性差、硬度低、易碎裂、耐磨损

Material: How to improve the toughness of steel?

Text: At the steel mill

A: I have been looking forward to this day for too long! I finally have the opportunity to visit the steel mills of HBIS Group in person!

B: Yeah, the steel mills of HBIS Group are truly worthy of their name. Look at this equipment, they are absolutely spectacular!

C: Welcome! I am Mr. Chen, responsible for the supply of raw materials to the steel mill. Today, I'll be giving you an introduction to steel materials.

A, B: Hello, Mr. Chen!

C: Materials are the material basis of human production and life, and materials used in the field of mechanical engineering are called mechanical engineering materials. It covers a wide range of materials, such as polymer materials, composite materials, metal materials, etc. Today, the steel we are mainly studying is one of the metal materials.

B: I know that steel, also known as a ferrous metal, along with iron, is one of the most widely used materials in industrial production.

A: I also know that steel is an alloy mainly composed of iron and carbon.

C: That's right, steel is an iron carbon alloy that typically contains 0.02% to 2.11% carbon. It is of high hardness, good toughness, wear resistance, corrosion resistance, etc. And these characteristics can be controlled and adjusted by the carbon content and processing method in the steel.

B: What should I do if I want to increase the hardness of steel?

C: Increasing carbon content is one method, but excessively high carbon content can also reduce the toughness and plasticity of steel, making it more prone to cracking. Another method is to harden the steel through quenching. Quenching involves rapidly cooling steel after it's heated to a critical temperature, which forms a hardened structure: solid solution.

A: So that's how it is. So how can we improve the toughness of steel?

C: Increasing the content of other elements in steel (such as manganese, silicon, chromium, etc.) is one method, and using appropriate processing methods can also improve the toughness of steel. For example, methods such as cold working and heat treatment can increase the plasticity and toughness of steel.

B: So, what processing methods will we interns be contacted to in the future?

C: There are many processing methods for steel, including forging, rolling, and stretching. Among them, forging is a method of obtaining the desired shape and size by applying pressure to steel to deform it; rolling is the process of pressing large steel billets into the required plates or profiles; stretching is the process of plastic deformation of steel under certain pressure through a series of processing techniques, commonly used in the production of wire rods and steel wires.

A: It's so complicated, we need to study hard!

B: Yeah, Mr. Chen, thank you for your explanation. We will definitely study hard.

C: You're welcome, just feel free to ask me any questions.

课文一 Text 1
（在 产品 展示厅）
（Zài chǎnpǐn zhǎnshìtīng）

A：您好，我是 斯梅代雷沃 钢厂 的 产品 经理，我 叫 凯特琳。

A：Nínhǎo, wǒ shì Sīméidàiléiwò gāngchǎng de chǎnpǐn jīnglǐ, wǒ jiào Kǎitèlín.

B：您好，我是 石油 机械 公司 的 采购 经理，我 叫 李 想。

B：Nínhǎo, wǒ shì shíyóu jīxiè gōngsī de cǎigòu jīnglǐ, wǒ jiào Lǐ Xiǎng.

A：李 经理 想 了解 哪些 产品 呢？

A：Lǐ jīnglǐ xiǎng liǎojiě nǎxiē chǎnpǐn ne?

B：我 想 了解 一下 贵公司 的 万向 联轴器。

B：Wǒ xiǎng liǎojiě yīxià guìgōngsī de wànxiàng liánzhóuqì.

A：好的，相较 于 其他 公司 的 产品，我们 的 万向 联轴器 的 材质 是

A：Hǎode, xiāngjiào yú qítā gōngsī de chǎnpǐn, wǒmen de wànxiàng liánzhóuqì de cáizhì shì

经过 严格 把控 的， 选用 的 都是 优质 钢材，因此， 具有 转速 高、

jīngguò yángé bǎkòng de, xuǎnyòng de dōushì yōuzhì gāngcái, yīncǐ, jùyǒu zhuànsù gāo,

噪声 小、耐 腐蚀、耐 高温、使用 寿命 长 等 优点，我们 的

zàoshēng xiǎo, nài fǔshí, nài gāowēn, shǐyòng shòumìng cháng děng yōudiǎn, wǒmen de

产品 性价比 高。

chǎnpǐn xìngjiàbǐ gāo.

B：那 请问 报价 多少 呢？

B：Nà qǐngwèn bàojià duōshǎo ne?

A：一套 是 八千 元，您 觉得 怎么样 呢？

A：Yī tào shì bāqiān yuán, nín juéde zěnmeyàng ne?

B：可以 便宜 一点儿 吗？

B：Kěyǐ piányi yīdiǎnr ma?

A：价格 的 事情 您 可以 找 销售 经理 商量。

A：Jiàgé de shìqíng nín kěyǐ zhǎo xiāoshòu jīnglǐ shāngliang.

B：好的，谢谢您。

B：Hǎode, xièxienín.

A：不 客气！

A：Bù kèqi!

课文二 Text 2
（在 会议室）
（Zài huìyìshì）

A：您好，我 是 斯梅代雷沃 钢厂 的 销售 经理，我 叫 马 成功。

A：Nínhǎo, wǒ shì Sīméidàiléiwò gāngchǎng de xiāoshòu jīnglǐ, wǒ jiào Mǎ Chénggōng.

B：马 经理 您好，我 是 石油 机械 公司 的 采购 经理，我 叫 李 想。

B：Mǎ jīnglǐ nínhǎo, wǒ shì shíyóu jīxiè gōngsī de cǎigòu jīnglǐ, wǒ jiào Lǐ Xiǎng.

A：听说 贵公司 最近 想 采购 一 批 万向 联轴器?

A：Tīngshuō guìgōngsī zuìjìn xiǎng cǎigòu yī pī wànxiàng liánzhóuqì?

B：的确，因为 库房 内 库存 不够，所以 需要 补货。

B：Díquè, yīnwéi kùfáng nèi kùcún bùgòu, suǒyǐ xūyào bǔ huò.

A：您 选择 斯梅代雷沃 钢厂 是 正确 的，我们 的 产品 在 质量 上

A：Nín xuǎnzé Sīméidàiléiwò gāngchǎng shì zhèngquè de, wǒmen de chǎnpǐn zài zhìliàng shang

是 合格 的。

shì hégé de.

B：产品 的 价格 有点儿 贵，希望 还 能 便宜 一点儿。

B：Chǎnpǐn de jiàgé yǒudiǎnr guì, xīwàng hái néng piányi yīdiǎnr.

A：我们 可以 让利 10%，您 觉得 怎么样 呢?

A：Wǒmen kěyǐ rànglì 10%, nín juéde zěnmeyàng ne?

B：虽然 有点儿 贵，但是 必须 买 呀! 我 就 订购 五十 套 吧。

B：Suīrán yǒudiǎnr guì, dànshì bìxū mǎi ya! wǒ jiù dìnggòu wǔshí tào ba.

A：李 经理 果然 豪爽，希望 今后 也 合作 愉快!

A：Lǐ jīnglǐ guǒrán háoshuǎng, xīwàng jīnhòu yě hézuò yúkuài!

B：合作 愉快!

B：Hézuò yúkuài!

词语
Words

专业词语	拼音	词性	英语
采购	cǎigòu	v.	purchase
万向联轴器	wànxiàngliánzhóuqì	n.	universal joint
使用寿命	shǐyòngshòumìng	n.	service life
库存	kùcún	n.	inventory
订购	dìnggòu	v.	order
合作	hézuò	v.	cooperate

常用词语	拼音	词性	英语
材质	cáizhì	n.	material
严格	yángé	adv.	strictly
把控	bǎkòng	v	control
性价比	xìngjiàbǐ	n.	cost performance
报价	bàojià	n.	quotation
一点儿	yīdiǎnr	adv.	a little
让利	rànglì	v.	discount

注释
Notes

1. 让利 10%；offering a 10% discount

"让利10%"即将利润的百分之十让给另外一方，也可以说"让10个点（的利润）"，也可以说"打九折"。

"让利10% (offering a 10% discount)" means giving up 10% of the profit to the buyer. It can also be expressed as "giving up 10 points of profit" or "offering 10% off".

2. 合作愉快；Let's have a successful collaboration!

一种常用的祝福语或期望表达，表示在合作过程中希望双方都能感到愉快和满意。

A commonly used expression to wish for a successful and pleasant collaboration, showing the hope that both parties will be satisfied during the process.

语法
Grammar

一、一点儿 vs 有点儿；a little vs a bit

"一点儿"是数量词，常用于表示具体的数量或程度上的轻微变化，也可以作补语。

"有点儿"则是程度副词，更多地用于表达程度上的轻微或不完全肯定。

两者在语境中可以相互替换，但"有点儿"更多地带有一种主观感受或评价的意味，而"一点儿"则更侧重于客观描述。

"一点儿(a little)" is a quantitative word, often used to indicate a specific quantity or slight change in degree. It can also function as a grammatical complement in a sentence.

"有点儿(a bit)" is a degree adverb, more commonly used to express slight or incomplete affirmation of degree.

While the two can sometimes be used interchangeably in context, "a bit" typically conveys a more subjective or evaluative nuance, whereas "a little" is generally more objective and neutral in tone.

（1）请给我一点儿水。

（2）你说话声音小一点儿。

（3）他一点儿也不喜欢这道菜。

（4）我今天有点儿累，想早点休息。

（5）她有点儿想家了。

（6）今天的天气有点儿冷，记得多穿点衣服。

二、虽然……，但是……；although..., but...*

"虽然……，但是……"用于表达转折关系，前句与后句意思相反或相对，后句才是说话人想要表达的内容。

"虽然……，但是……(although...but...)" is a common structure to express contrast. The first clause introduces a situation, while the second clause conveys the speaker's main point, which often contrasts with the first.

（1）虽然学习很辛苦，但是我相信我一定能考上大学。

（2）虽然这件衣服很漂亮，但是它的价格太贵了，我不买。

*注：英语中although与but不连用，此处连写只为帮助理解。

练习
Practices

1. 根据课文内容，回答下列问题。Answer the following questions based on the content of the text.

（1）李经理想要买什么？

（2）凯特琳说产品的优点有哪些？

（3）凯特琳说的销售经理是谁？

（4）为什么李经理的公司需要买万向联轴器？

（5）最后李经理需要支付多少钱？

2. 用"虽然……，但是……"将两句话合并成一句话。Use"虽然……但是……"to merge the two sentences into one sentence.

（1）蛋糕很好吃。我很怕长胖。

_____

（2）我还是要去公园。外面下雨了。

_____

（3）父母不同意。我还是跟他结婚了。

_____

（4）蚂蚁很小。蚂蚁力气很大。

_____

（5）这条裙子很漂亮。这条裙子太贵了。

_____

（6）老师还没到。同学们都到了。

　　　　　_____

3. 看图片，用"有点儿"或"一点儿"填空。Look at the picture and fill in the blanks with "有点儿" or "一点儿"。

（1）苹果比橘子大_____。

（2）西瓜太贵了，能便宜_____吗？

（3）这只橘猫_____胖。

（4）这个人_____不舒服。

（5）这件衣服_____贵。

（6）姐姐比弟弟高_____。

4. 情景表演，用本课的语法及已经学过的语法来模拟店员推销产品。Scenario performance, using the grammar points from this lesson and those already learned to simulate a salesperson selling products.

（1）服装店

（2）水果店

（3）奶茶店

Product sales: Though a bit expensive, it's a must-have

Text 1: At the product showroom

A: Hello, I am Caitlin, the product manager of Smederevo Steel Mill.

B: Hello, I am Li Xiang, the purchasing manager of Petroleum Machinery Company.

A: Which products are you interested in, Manager Li?

B: I would like to know about your company's universal joint.

A: Certainly. Compared to similar products from other companies, our universal joints are made with carefully selected high-quality steel and undergo strict quality control. They offer advantages such as high rotation speed, low noise, corrosion resistance, heat resistance, and long service life. Our products are highly cost performance.

B: May I ask what the price is?

A: Each set is priced at 8,000 yuan, what do you think?

B: Is there any possibility of a discount?

A: You can discuss the price with the sales manager.

B: OK, thank you.

A: You're welcome!

Text 2: In the meeting room

A: Hello, I am Ma Chenggong, the sales manager at Smederevo Steel Mill.

B: Hello Manager Ma, I am the purchasing manager from the Petroleum Machinery Company. My name is Li Xiang.

A: I heard that your company is looking to purchase a batch of universal joint recently.

B: Indeed, our warehouse inventory is running low, so we need to restock.

A: You've made the right choice with Smederevo Steel Mill, our products meet strict quality standards.

B: The price is a bit high. I'm hoping there's room for a discount.

A: We can offer a 10% discount. How does that sound?

B: Even though it's a bit pricey, we still need it. I'll go ahead and order 50 sets.

A: Manager Li, you're truly decisive. I look forward to working with you again in the future!

B: Let's have a successful collaboration!

课文一 Text 1
（在 公司）
（Zài gōngsī）

A： 你 好！韩 梅梅！

A： Nǐ hǎo!　Hán Méimei!

B： 你 好！李 文。请问 你 有 什么 事情 吗？

B： Nǐ hǎo!　Lǐ Wén.　Qǐngwèn nǐ yǒu shénme shìqíng ma?

A： 我们 部门 想 采购 一些 工程　产品，请问 采购 流程 是 什么 呢？

A： Wǒmén bùmén xiǎng cǎigòu　yīxiē gōngchéng chǎnpǐn, qǐngwèn cǎigòu liúchéng shì shénme ne?

B： 请　先 把 你们 部门 的 产品　采购单 提交 给 公司 领导。

B： Qǐng xiān bǎ nǐmen bùmén de chǎnpǐn cǎigòudān tíjiāo　gěi gōngsī lǐngdǎo.

A： 好的，接下来 呢？

A： Hǎode,　jiēxiálái　ne?

B： 领导　把 采购单 给 采购 部门，再 由 采购 部门 负责 采购。

B： Lǐngdǎo bǎ cǎigòudān gěi cǎigòu bùmén,　zài yóu cǎigòu bùmén fùzé　cǎigòu.

A： 好的，谢谢 你！

A： Hǎode,　xièxie nǐ!

B： 不 客气。

B： Bù　kèqi.

课文二 Text 2

（在 电话 中）

（Zài diànhuà zhōng）

A：你好，我是斯梅代雷沃 钢厂 的采购 人员 李华。

A：Nǐ hǎo， wǒ shì Sīméidàiléiwò gāngchǎng de cǎigòu rényuán Lǐ Huá.

B：你好，请问 有 什么 事情 吗？

B：Nǐ hǎo，qǐngwèn yǒu shénme shìqíng ma?

A：不好意思，你们 供应 的产品 出现了 质量 问题，这 两次 的质量

A：Bù hǎoyìsi，   nǐmen gōngyìng de chǎnpǐn chūxiànle zhìliàng wèntí， zhè liǎng cì de zhìliàng

检查 都 没有 通过。

jiǎnchá dōu méiyǒu tōngguò.

B：很 抱歉， 出现 这样 的 问题 是 我们 公司 的 失职。

B：Hěn bàoqiàn， chūxiàn zhèyàng de wèntí shì wǒmen gōngsī de shīzhí.

A：如果 再 出现 第三 次 质量 问题，我们 之间 将 停止 合作。

A：Rúguǒ zài chūxiàn dì-sān cì zhìliàng wèntí， wǒmen zhījiān jiāng tíngzhǐ hézuò.

B：不好意思，我们 会 对 产品 的 质量 进行 严格 监控。

B：Bù hǎoyìsi，   wǒmen huì duì chǎnpǐn de zhìliàng jìnxíng yángé jiānkòng.

A：好的，希望 接下来 我们 可以 继续 合作。

A：Hǎode，xīwàng jiēxiàlái wǒmen kěyǐ   jìxù   hézuò.

B：好的，辛苦 您 了。

B：Hǎode， xīnkǔ nín le.

词语
Words

专业词语	拼音	词性	英语
采购单	cǎigòudān	n.	purchasing order
质量	zhìliàng	n.	quality
监控	jiānkòng	v.	monitor
继续	jìxù	v.	continue

常用词语	拼音	词性	英语
失职	shīzhí	v.	negeligence

注释
Notes

辛苦你了；thank you for your hard work

表示对他人辛勤劳动的肯定和感激，是一种换位思考的表现。另一种含义是结果不太满意，但不能无视别人的成果，因此肯定对方为此付出的精力。

A kind of affirmation and gratitude for the hard work of others, is a manifestation of empathy. The other means that you are not satisfied with the results, but you can't ignore the achievements of others, so affirm the energy that the other party has paid for it.

语法
Grammar

"把"字句；the Ba-Sentence

汉语中，表达对确定的人或事物产生某种结果或发生位置上的改变，可以用"把"字句，即"A把B+动词+结果补语/趋向补语"。

In Chinese, the expression of producing a certain result or causing a change in position for a specific person or thing can be expressed using the "Ba-Sentence"："A把B+verb+complement of result/direction".

（1）你把水果拿过来。

（2）请你把书包拿出来。

（3）我把衣服洗干净了。

练习
Practices

1. 正确朗读下列句子。Read the following sentences correctly.

（1）请问你有什么事情吗？

（2）请问采购流程是什么呢？

（3）接下来呢？

（4）你们供应的产品出现了质量问题。

（5）我们会对产品的质量进行严格监控。

（6）希望接下来我们可以继续合作。

（7）辛苦您了。

2. 画线部分替换练习。Please replace the underlined part with the words given.

（1）<u>领导</u>把<u>采购单</u>给<u>采购部门</u>。

他　　钱包　　　警察

李华　账单　　　领导

老板　工资　　　　我

（2）<u>我们</u>可以继续<u>合作</u>。

大家　　　　　玩

李华　　　　　负责

我　　　　　跑步

（3）由<u>采购部门</u>负责<u>采购</u>。

他　　　　项目

李文　　　记录

李华　　　采访

3. 用课文一和课文二的结构，根据实际情况做替换对话练习。Use the structure of Text 1 and Text 2, do replacement dialogues according to the actual situation.

Purchasing: What is the procurement process for engineering products?

Text 1: In the company

A: Hello! Han Meimei!

B: Hello! Li Wen. What can I do for you?

A: Our department wants to purchase some engineering products. What's the procurement process?

B: First, please submit your department's product purchase order to the company management.

A: OK, and after that?

B: The management will forward the purchase order to the procurement department, which will then handle the purchasing process.

A: OK, thank you!

B: You're welcome.

Text 2: On the phone

A: Hello, this is Li Hua, the procurement officer from Smederevo Steel Mill.

B: Hello, what can I do for you?

A: Sorry to bother you, but the products you supplied have quality issues. They failed the quality inspection twice.

B: I'm very sorry. It was our company's negligence that led to this issue.

A: If a third quality issue occurs, we will have to terminate our cooperation.

B: I apologize, and we will strictly monitor the quality of our products.

A: OK, I hope we can continue our cooperation in the future.

B: Certainly, thank you for your hard work.

第十五课

工程　产品 验收：　完成　工程　产品
Gōngchéng chǎnpǐn yànshōu：　wánchéng gōngchéng chǎnpǐn
验收，　汇报 验收 结果
yànshōu，　huìbào yànshōu jiéguǒ

课文一 Text 1
（工程　产品　验收　成功　时）
（ Gōngchéng chǎnpǐn yànshōu chénggōng shí ）

A：你 好，崔 经理。我 很　高兴 地 通知 您，我们 的 产品 已经 通过了

A：Nǐ hǎo，　Cuī jīnglǐ. Wǒ hěn gāoxìng de tōngzhī nín，　wǒmen de chǎnpǐn yǐjīng tōngguòle

验收　测试。

yànshōu cèshì.

B：是吗？你们 的 产品测试 结果 怎么 样？

B：Shìma? Nǐmen de chǎnpǐn cèshì jiéguǒ zěnme yàng?

A：产品　指标　都 达到了 要求。

A：Chǎnpǐn zhǐbiāo dōu dádàole yāoqiú.

B：太 好 了！这样 的 话 我们 就 能　马上　使用 你们 的 产品 了。

B：Tài hǎo le! Zhèyàng de huà wǒmen jiù néng mǎshàng shǐyòng nǐmen de chǎnpǐn le.

A：我们 也 很 高兴　能 为 贵公司 提供 检验 合格 的 产品。

A：Wǒmen yě hěn gāoxìng néng wèi guìgōngsī tígōng jiǎnyàn hégé de chǎnpǐn.

B：感谢 你们 的 努力，期待 我们 能够 继续 合作。

B：Gǎnxiè nǐmen de nǔlì, qīdài wǒmen nénggòu jìxù hézuò.

A：应该 的，我们 也 期待 与 贵公司 再次 合作。

A：Yīnggāi de, wǒmen yě qīdài yǔ guìgōngsī zàicì hézuò.

课文二 Text 2
（工程 产品 验收 失败 时）
（Gōngchéng chǎnpǐn yànshōu shībài shí）

A：你好， 成 先生。很 抱歉， 产品 未 通过 验收 测试，我们 不

A：Nǐ hǎo, Chéng xiānshēng. Hěn bàoqiàn, chǎnpǐn wèi tōngguò yànshōu cèshì, wǒmen bù

能 接收。

néng jiēshōu.

B：什么？ 为什么 不 通过？ 我们 测试 时 没有 发现 问题。

B：Shénme? Wèi shénme bù tōngguò? Wǒmen cèshì shí méiyǒu fāxiàn wèntí.

A：我们 发现 温度 较 高 的 时候，产品 不 能 正常 工作，我们 不

A：Wǒmen fāxiàn wēndù jiào gāo de shíhou, chǎnpǐn bù néng zhèngcháng gōngzuò, wǒmen bù

能 接受 一 个 不 能 正常 工作 的 产品。

néng jiēshòu yī gè bù néng zhèngcháng gōngzuò de chǎnpǐn.

B：很 抱歉，我们 会 重新 设计 产品，尽快 解决 这个 问题。

B：Hěn bàoqiàn, wǒmen huì chóngxīn shèjì chǎnpǐn, jǐnkuài jiějué zhège wèntí.

A：这 需要 多 长 时间？我们 需要 一 个 准确 的 时间。

A：Zhè xūyào duō cháng shíjiān? Wǒmen xūyào yī gè zhǔnquè de shíjiān.

B：一周 怎么样？我们 需要 一周 时间 进行 分析 和 测试，然后 再 与

B：Yī zhōu zěnmeyàng? Wǒmen xūyào yī zhōu shíjiān jìnxíng fēnxī hé cèshì, ránhòu zài yǔ

你们 联系，告诉 你们 测试 的 结果。

nǐmen liánxì, gàosù nǐmen cèshì de jiéguǒ.

A：好的，我们 会 等待 你们 的 消息，希望 一周 后 产品 能 正常

A：Hǎode, wǒmen huì děngdài nǐmen de xiāoxi, xīwàng yī zhōu hòu chǎnpǐn néng zhèngcháng

工作。

gōngzuò.

B：非常 抱歉，我们 会 尽快 改进 产品。感谢 你们 的 理解 和 合作。

B：Fēicháng bàoqiàn, wǒmen huì jǐnkuài gǎijìn chǎnpǐn. Gǎnxiè nǐmen de lǐjiě hé hézuò.

A：我们 也 希望 这个 问题 能够 得到解决。期待 听到 你们 的 好 消息。

A：Wǒmen yě xīwàng zhège wèntí nénggòu dédào jiějué. Qīdài tīngdào nǐmen de hǎo xiāoxi.

词语
Words

专业词语	拼音	词性	英语
验收	yànshōu	*n.*	acceptance inspection
测试	cèshì	*n.*	testing
指标	zhǐbiāo	*n.*	indicator
合格	hégé	*adj.*	qualified
接收	jiēshōu	*v.*	accept
理解	lǐjiě	*v.*	understand

常用词语	拼音	词性	英语
提供	tígōng	*v.*	provide
期待	qīdài	*v.*	look forward to
尽快	jǐnkuài	*adv.*	as soon as possible
解决	jiějué	*v.*	solve
准确	zhǔnquè	*adj.*	accurate
改进	gǎijìn	*v.*	improve

注释
Notes

1.应该的；It's my / our pleasure

　　"应该的"是"助动词+语气助词"构成的固化短语，语法功能接近表态性谓语。它强调对某一行为或态度的合理性认可，也可以表示乐于做、应该做的意思。

　　另一种解释："应该"：情态动词（助动词），表示义务或情理上的必要性（如"你应该去"）。

　　"的"：语气助词（非结构助词），用于加强肯定语气，类似"的确""确实"。

　　The phrase "应该的 (It's my/our pleasure)" is a fixed expression composed of a "modal verb + modal particle", whose grammatical function approximates an evaluative predicate. It serves to acknowledge the propriety of an action or attitude, while also conveying willingness to fulfill what is considered proper.

　　Alternative analysis: "应该(should)"：A modal verb (auxiliary verb) expressing obligation or normative necessity (as in "You should go").

　　"的"：A modal particle (non-strutural particle) that intensifies affirmative force, functionally similar to"indeed" or "certainly".

2. 很抱歉；I'm sorry

　　"很抱歉"是一种表达歉意或道歉的用语，表示因自己的错误或疏忽而引起了不便或伤害别人的感情。例如，当你误会了别人的意思并给他们带来了不必要的麻烦时，你可以说："很抱歉，我误解了你的意思。"

"很抱歉(I'm sorry)" is an expression of apology or regret, used to convey the speaker's remorse for causing inconvenience or hurting someone's feelings due to their own mistake or carelessness. For example, when you misunderstand someone's meaning and cause unnecessary trouble for them, you can say, "I'm sorry, I misunderstood what you meant."

3. 什么？感叹词；what？interjection

语气词"什么"通常表示惊讶、不可思议、不满或生气等情绪，可以用于反问、质疑或表达强烈的情绪。例如，当你听到某人说出令人震惊的话时，你可以惊叹地说"什么？"来表达你的惊讶和不可思议。

The interjection "什么？(what?)" is typically used to express surprise, disbelief, dissatisfaction or anger, and can be used for rhetorical questions, questioning, or expressing strong emotions. For example, when you hear someone say something shocking, you might exclaim" what? " to express your surprise and disbelief in Chinese.

语法
Grammar

一、都，副词；all, adverb

副词"都"表示所有事物都具有某种特征或发生了某种情况。它通常用在谓语动词前面，表示主语的全体或整体都符合谓语动词所表示的情况。例如，"我们都很高兴"表示所有人都感到高兴，"他们都去了"表示所有人都去了。

The adverb "都(all)" indicates that all members of a group share a certain characteristic or have experienced the same situation. It usually appears before the predicate verb to show that the entire subject is involved. For example, "我们都很高兴" means "We are all happy" and "他们都去了" means "They all went".

（1）我们班的同学都去参加运动会了。

（2）今天的作业我都完成了。

（3）家里人都喜欢吃妈妈做的菜。

（4）这些书我都看过了，很有趣。

二、……怎么样？ How... is/are...?

"……怎么样？"是一个用于提问或询问意见的短语，通常放在一个问句的结尾，用来询问某个事情的情况、进展、满意程度等。例如，"这个项目进行得怎么样？"表示询问项目的进展情况和效果如何。

The phrase "……怎么样？(How... is/are...?)" is used to ask questions or opinions. It is usually placed at the end of a question to ask about the situation, progress, or satisfaction level of something. For example, "这个项目进行得怎么样？" means asking about the progress and effectiveness of the project.

（1）这本书的内容怎么样？

（2）这部电影的剧情怎么样？

（3）今天的天气怎么样？

练习
Practices

1. 正确朗读下列句子。Read the following sentences correctly.

（1）我们的产品已经通过了验收测试。

（2）我们不能接收这些产品。

（3）这些产品测试时没有发现问题。

（4）很抱歉，我们会重新设计产品。

（5）希望问题能够得到解决。

（6）感谢你们的努力，期待我们能够继续合作。

2. 画线部分替换练习。Please replace the underlined part with the words given.

（1）我们的产品已经通过了验收测试。

      成龙   接受   考核

      王明   经过   检查

（2）产品指标 都 达到要求。

   机械用具 没有都   要求

     卫生   都没有   标准

（3）这些产品怎么样？

   这本书

   他的工作

   那次旅行

3. 用课文一和课文二的结构，根据实际情况做替换对话练习。Use the structure of Text 1 and Text 2, do replacement dialogues according to the actual situation.

Engineering product acceptance: Completion and reporting of acceptance results

Text 1: When engineering products pass acceptance testing

A: Hello, Manager Cui. I'm pleased to inform you that our products have passed the acceptance testing.

B: Really? How were the test results?

A: All the product specifications have met the requirements.

B: That's great! In that case, we can start using your products immediately.

A: We're also very happy to provide qualified products to your company.

B: Thank you for your efforts, and we look forward to continuing our cooperation.

A: It's our pleasure, and we also look forward to working with your company again.

Text 2: When engineering products fail acceptance testing

A: Hello, Mr. Cheng. I'm sorry, but the product did not pass the acceptance test, and we cannot accept it.

B: What? Why didn't it pass? We didn't find any problems during our testing.

A: We found that the product does not function properly at high temperatures. We cannot accept a product that fails to operate normally.

B: I'm very sorry about that. We will redesign the product and solve the problems as soon as possible.

A: How long will this take? We need an accurate timeline.

B: Would one week be acceptable? We need that time to analyze and test, and then we'll get back to you with the results.

A: Alright, we'll wait for your message. We hope the product will function properly by then.

B: We're very sorry for the inconvenience, and we'll improve the product as soon as possible. Thank you for your understanding and cooperation.

A: We also hope this issue can be resolved. We're looking forward to hearing good news from you.

课文一 Text 1
（在 电话 中）
（Zài diànhuà zhōng）

A：您好， 请问 贵公司 招聘 钢铁 销售 人员，对 吗？

A：Nínhǎo, qǐngwèn guìgōngsī zhāopìn gāngtiě xiāoshòu rényuán, duì ma?

B：是的，请问 您 是？

B：shìde, qǐngwèn nín shì?

A：您好， 我 是 成龙， 我 想 来 应聘 贵公司 的 销售 实习生 岗位。

A：Nínhǎo, Wǒ shì Chéng Lóng, wǒ xiǎng lái yìngpìn guìgōngsī de xiāoshòu shíxíshēng gǎngwèi.

B：我们 销售 岗位 的招聘 条件 您了解吗？

B：Wǒmen xiāoshòu gǎngwèi de zhāopìn tiáojiàn nín liǎojiě ma?

A：了解。

A：Liǎojiě.

B：请问 您是哪个大学 毕业 的呢？

B：Qǐngwèn nín shì nǎge dàxué bìyè de ne?

A：燕山 大学 机械 工程 学院。

A：Yànshān dàxué jīxiè gōngchéng xuéyuàn.

B：好的，稍后 您 可以 把简历 发 给 我 一下 吗？

B：Hǎode, shāohòu nín kěyǐ bǎ jiǎnlì fā gěi wǒ yīxià ma?

A：没 问题。

A：Méi wèntí.

B：销售　岗位　可能 需要　经常　出差，您　能够　接受 吗？

B：Xiāoshòu gǎngwèi kěnéng xūyào jīngcháng chūchāi，nín Hénggòu jiēshòu ma?

A：可以 接受，我 很 喜欢 体验 不同 的 工作　环境。

A：Kěyǐ　jiēshòu，wǒ hěn xǐhuan tǐyàn bùtóng de gōngzuò huánjìng.

B：除了 这个 岗位，您 对 别 的 岗位 还有 兴趣 吗？

B：Chúle zhège gǎngwèi，nín duì bié de gǎngwèi hái yǒu xìngqù ma?

A：我 对　焊工 也 比较 感 兴趣，我 有 初级 焊工　证书。

A：Wǒ duì hàngōng yě　bǐjiào gǎn xìngqù，wǒ yǒu chūjí hàngōng zhèngshū.

B：好的，您 的 大致　情况　我 了解 了。下 周　我们　会 有 一 个 线下 面试，

B：Hǎode，nín de dàzhì qíngkuàng wǒ liǎojiě le.　Xià zhōu wǒmen huì yǒu yī gè xiànxià miànshì，

我 待会儿 发 给 您 地址，请 您 按时 到达。

wǒ dàihuìr　fā gěi nín dìzhǐ，qǐng nín ànshí dàodá.

A：好的，谢谢！再见！

A：Hǎode，xièxie！Zàijiàn！

B：再见！

B：Zàijiàn！

课文二 Text 2

（在 办公室）
（Zài bàngōngshì）

A：你好，我 是 来 应聘　炼钢　工程师 的，我 叫　成 龙。

A：Nǐ hǎo，wǒ shì lái yìngpìn liàngāng gōngchéngshī de，wǒ jiào Chéng Lóng.

B：你好，成龙！　　欢迎 来到 河钢 集团。

B：Nǐ hǎo　Chéng Lóng!　Huānyíng láidào Hégāng jítuán.

A：这 是 我 的 个人 简历。

A：Zhè shì wǒ de gèrén jiǎnlì.

B：你 对 我们 公司 了解 吗？为 什么 愿意 来 这里 工作？

B：Nǐ duì wǒmen gōngsī liǎojiě ma? Wèi shénme yuànyì lái zhèlǐ gōngzuò?

A：在 贵公司 发布 招聘 信息 时，我 有了 大概 的 了解。贵公司 不光 实力

A：Zài guìgōngsī fābù zhāopìn xìnxī shí,　wǒ yǒule dàgài de liǎojiě. Guìgōngsī bùguāng shílì

强大，还 十分 重视 人才。我 觉得 很 适合 我。

qiángdà, hái shífēn zhòngshì réncái.　Wǒ juéde hěn shìhé wǒ.

B：我 介绍 一下 你 应聘 的 岗位。　炼钢　工程师　除了 负责 炼钢 的 技术

B：Wǒ jièshào yīxià nǐ yìngpìn de gǎngwèi. Liàngāng gōngchéngshī chúle fùzé liàngāng de jìshù

问题，还 需要 负责 产品 开发。公司 偶尔 需要 加班，你 可以 接受 吗？

wèntí,　hái xūyào fùzé chǎnpǐn kāifā.　Gōngsī ǒuěr xūyào jiābān,　nǐ kěyǐ jiēshòu ma?

A：如果 有 额外 薪资 的 话，我 可以 克服。

A：Rúguǒ yǒu éwài xīnzī de huà,　wǒ kěyǐ kèfú.

B：这个 请 放心。你 有 什么 问题 想 问 我们 吗？

B：Zhège qǐng fàngxīn. Nǐ yǒu shénme wèntí xiǎng wèn wǒmen ma?

A：薪资 大概 是 多少 呢？另外，公司 会 安排 住宿 吗？

A：Xīnzī dàgài shì duōshǎo ne? Lìngwài, gōngsī huì ānpái zhùsù ma?

B：薪资 不用 担心，工作 时间 越 久，工资 越 高。我们 不仅 给 员工

B：Xīnzī bù yòng dānxīn, gōngzuò shíjiān yuè jiǔ,　gōngzī yuè gāo. Wǒmen bùjǐn gěi yuángōng

分配 宿舍，而且 是 免费 的。

fēnpèi sùshè,　érqiě shì miǎnfèi de.

A：听 起来 很 不错。

A：Tīng qǐlái hěn bùcuò.

B：是的，如果 被 录用，你 什么 时候 可以 来 工作 呢？

B：Shìde, rúguǒ bèi lùyòng, nǐ shénme shíhou kěyǐ lái gōngzuò ne?

A：随时 准备着。

A：Suíshí zhǔnbèizhe.

词语
Words

专业词语	拼音	词性	英语
技术	jìshù	*n.*	technology
薪资	xīnzī	*n.*	salary

常用词语	拼音	词性	英语
简历	jiǎnlì	*n.*	resume
实力	shílì	*n.*	strength
开发	kāifā	*v.*	develop
克服	kèfú	*v.*	overcome
录用	lùyòng	*v.*	hire

注释
Notes

简历，名词；resume, noun

　　简历是个人职业经历的概要，用于求职时向雇主展示教育背景、工作经验、技能及求职意向。它通常包括个人信息、教育背景、工作经历、技能特长等关键部分。制作简历时，需保持简洁、真实，并突出个人优势以吸引雇主注意。

A resume is a summary of an individual's professional experience, used to present educational background, work experience, skills, and career objectives to employers during job hunting. It typically includes key sections such as personal information, educational background, work experience, and skill sets. When crafting a resume, it is essential to maintain brevity, authenticity, and to highlight personal strengths to capture the attention of employers.

语法
Grammar

一、除了……，还/也……；besides..., also...

表示在已提到的信息的基础上，补充其他的信息。句子的主语放在句首，或者放在"还/也"的前边。例如：除了唱歌以外，他还喜欢跳舞。

The structure "除了……，还/也……(besides..., also...)" is used to add additional information on top of what was already mentioned. The subject usually comes at the beginning of the sentence or before "还/也 (also)". For example, In addition to singing, he also likes dancing.

（1）这道菜除了味道鲜美，还富含多种营养，对身体十分有益。

（2）除了会弹钢琴，我还会弹吉他。

（3）除了参加学校的社团活动，我也积极参与社区的志愿者工作。

二、越A越B；the more A, the more B

"越A越B"表示B随着A的变化而发生变化。

"越A越B（the more A, the more B）" means B changes with A.

（1）弟弟越长越高了。

（2）她越走越快了。

（3）她的画越画越好。

练习
Practices

1. 选择合适的词语填空。Choose the proper words to fill in the blanks.

大概 安排 录用 技术 应聘 克服 实习生 薪资 介绍 开发

（1）这个岗位的_____很高。

（2）只有_____困难，才会成功。

（3）她准备去这家公司_____。

（4）从家到公司_____半小时。

（5）他一毕业就被一家公司_____了。

（6）他还没毕业，现在在公司做_____。

（7）这些公司老员工的_____都很好。

（8）他的口才很好，很擅长交流，所以老板_____他去了销售岗位。

（9）他来到公司，负责产品_____。

（10）你可以做一下自我_____吗？

2.用"除了……，还/也……""……对……感兴趣"进行问答练习。Use

" besides..., also..." " be interested in" practice quizzing.

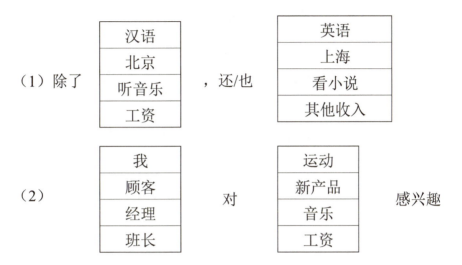

3.假如你去一家公司应聘，你会怎么向老板介绍自己，说说你的个人情况和

优缺点。If you were applying for a job at a company, how would you introduce

yourself to the employer and describe your background, strengths, and weaknesses?

Recruitment and job application: Are you familiar with the requirements for our sales position?

Text 1: On the phone

A: Hello, may I ask if your company is hiring for a steel sales position?

B: Yes, that's right. May I ask who you are?

A: Hello, this is Cheng Long. I would like to apply for the sales intern position in your company.

B: Do you know the recruitment requirements for the sales position?

A: Yes, I do.

B: May I ask which university you graduated from?

A: I graduated from the school of Mechanical Engineering College of Yanshan University.

B: Alright, could you please send me your resume later?

A: No problem.

B: The sales position may require frequent business trips. Can you accept that?

A: Yes, I'm fine with that. I enjoy experiencing different work environments.

B: Besides this position, are you interested in any other positions?

A: I'm also quite interested in a welding position. I hold a basic welding certificate.

B: Alright, I now have a general understanding of your background. We'll have an in-person interview next week. I'll send you the address shortly. Please make sure to arrive on time.

A: OK, thank you! Goodbye!

B: Goodbye!

Text 2: In the office

A: Hello, I'm here to apply for the position of steelmaking Engineer. My name is Cheng Long.

B: Hello, Cheng Long! Welcome to HBIS Group.

A: Here is my resume.

B: Do you know much about our company? Why would you like to work here?

A: When I saw your job posting, I had a general idea. Your company is not only powerful but also values talents very much. I think it's fit for me.

B: Let me introduce the position you're applying for. As a steelmaking Engineer, you will be responsible for not only technical issues related to steel making but also product development. The company may require working overtime occasionally. Would that be acceptable to you?

A: I can handle that as long as there is extra pay.

B: Don't worry about that. Do you have any questions for us?

A: What's the approximate salary range? Does the company provide accommodation?

B: Salary is not something you should worry about. The longer you work, the higher your salary will be. Not only do we allocate dormitories for employees, but they are also free of charge.

A: That sounds great.

B: Yes, if you're hired, when would you be able to start working?

A: I'm ready to start at any time.

公司 制度：只有 牢记 公司 制度，才 能
Gōngsī zhìdù: zhǐyǒu láojì gōngsī zhìdù, cái néng

安全 生产
ānquán shēngchǎn

课文一 Text 1
（在 李 文 的 办公室 里）
（Zài Lǐ Wén de bàngōngshì lǐ）

A：成龙， 恭喜 你 通过 面试！

A：Chéng Lóng, gōngxǐ nǐ tōngguò miànshì!

B：谢谢。

B：Xièxie.

A：正式 入职 前，你 需要 学习 一些 相关 的 公司 制度。

A：Zhèngshì rùzhí qián, nǐ xūyào xuéxí yīxiē xiāngguān de gōngsī zhìdù.

B：好的，我 需要 学习 哪些 方面 的 公司 制度 呢？

B：Hǎode, wǒ xūyào xuéxí nǎxiē fāngmiàn de gōngsī zhìdù ne?

A：你 需要 学习 设备 基础 管理、设备 例会 管理、事故 管理 和 自动化

A：Nǐ xūyào xuéxí shèbèi jīchǔ guǎnlǐ, shèbèi lìhuì guǎnlǐ, shìgù guǎnlǐ hé zìdònghuà

设备 管理 等 方面 的 制度。

shèbèi guǎnlǐ děng fāngmiàn de zhìdù.

B：我 可以 在 哪里 了解 到 这些 具体 的 规定 呢？

B：Wǒ kěyǐ zài nǎlǐ liǎojiě dào zhèxiē jùtǐ de guīdìng ne?

A：所有 的 公司 制度 都 在 这 本 员工 手册 里，你 拿 回去 学习 学习。

A：Suǒyǒu de gōngsī zhìdù dōu zài zhè běn yuángōng shǒucè lǐ, nǐ ná huíqù xuéxí xuéxí.

只有 牢记 公司 制度，才 能 安全 生产。

Zhǐyǒu láojì gōngsī zhìdù, cái néng ānquán shēngchǎn.

B：好的。

B：Hǎode.

A：如果有 什么 不懂 的地方，你 可以 问问 吴 娜娜。

A：Rúguǒ yǒu shénme bùdǒng de dìfāng, nǐ kěyǐ wènwen Wú Nàna.

B：好的，我 一定 会 认真 学习。

B：Hǎode, wǒ yīdìng huì rènzhēn xuéxí.

课文二 Text 2
（在 李 文 的 办公室 里）
（ Zài Lǐ Wén de bàngōngshì lǐ ）

A：吴 娜娜，你 看过 你 上 个 月 的 考勤 表 吗？

A：Wú Nàna, nǐ kànguo nǐ shàng gè yuè de kǎoqín biǎo ma?

B：看过 了。

B：Kànguò le.

A：上 个 月 你 迟到 了 三 次，早退 了 两 次。这 是 什么 原因 呢？

A：Shàng gè yuè nǐ chídàole sān cì, zǎotuìle liǎng cì. Zhè shì shénme yuányīn ne?

B：对不起，是 我 个人 的 原因。

B：Duìbuqǐ, shì wǒ gèrén de yuányīn.

A：根据 公司 的 考勤 管理 制度，由于 你 违反了 第七 条 规定：无故 不 得

A：Gēnjù gōngsī de kǎoqín guǎnlǐ zhìdù, yóuyú nǐ wéifǎnle dì-qī tiáo guīdìng: wúgù bù dé

迟到 或 早退，所以 现在 对 你 做出 罚款 五百 元 的 决定。

chídào huò zǎotuì, suǒyǐ xiànzài duì nǐ zuòchū fákuǎn wǔbǎi yuán de juédìng.

B：好的，我 接受 处罚。

B：Hǎode, wǒ jiēshòu chǔfá.

A：另外，你 还 需要 重新 学习 公司 的 考勤 管理 制度。

A：Lìngwài, nǐ hái xūyào chóngxīn xuéxí gōngsī de kǎoqín guǎnlǐ zhìdù.

B：好的，我 会 加强 学习，保证 不 会 再 犯 类似 的 错误。

B：Hǎode, wǒ huì jiāqiáng xuéxí, bǎozhèng bù huì zài fàn lèisì de cuòwù.

A：今后 多加 注意，你 先 去 工作 吧。

A：Jīnhòu duōjiā zhùyì, nǐ xiān qù gōngzuò ba.

B：好。

B：Hǎo.

词语
Words

专业词语	拼音	词性	英语
制度	zhìdù	*n.*	policy
手册	shǒucè	*n.*	handbook

常用词语	拼音	词性	英语
入职	rùzhí	*v.*	join a company
例会	lìhuì	*n.*	regular meeting
牢记	láojì	*v.*	keep in mind
无故	wúgù	*adv.*	for no reason
处罚	chǔfá	*n.*	penalty
保证	bǎozhèng	*v.*	ensure

注释
Notes

1. 处罚，名词；penalty, noun

　　处罚，指依据法令规章加以惩罚，即让犯错误或犯罪的人受到政治或经济上的损失而有所警戒。

"处罚(penalty)" refers to punish imposed in accordance with laws and regulations. It serves as a warning by subjecting those who make mistakes or commit offenses to political or economic consequences.

2. 员工手册，名词；employee handbook, noun

员工手册是企业规章制度、企业文化与企业战略的浓缩，是企业内的"法律法规"，同时还起到了展示企业形象、传播企业文化的作用。它既覆盖了企业人力资源管理的各个方面，又因适应企业独特个性的经营发展需要而弥补了一些疏漏。

The employee handbook is a distilled summary of a company's rules and regulations, corporate culture, and strategic direction. It functions as the company's internal code of conduct while also serving to showcase its image and promote its values. The handbook not only covers all aspects of human resource management but also addresses gaps by adapting to the unique operational needs and characteristics of the enterprise.

语法
Grammar

一、只有……，才……; only..., can...

"只有……，才……"是条件复句。一个分句提出条件，另一分句说明结果。或者说，偏句提出条件，正句表示在满足条件的情况下所产生的结果。例如：只有认真检查，我们才会发现问题、解决问题。

"只有……，才……(only..., can...)" is a condition complex sentence. One clause puts forward a condition, while the other clause states the result. In other words, the subordinate clause puts forward a condition, and the main clause describes the outcome that occurs when the condition is met. For example: Only by careful examination can we find and solve the problem.

（1）只有努力学习，才能取得好成绩。

（2）只有付出真心，才能收获真正的友谊。

（3）只有坚持不懈，才能实现自己的梦想。

二、由于……，所以/因此……；due to..., so/therefore... *

"由于……所以/因此……"是因果复句。一个分句提出一个依据或前提，另一分句由此推出结论，结论是主观判定的，不一定是事实。例如：由于身体不好，所以爸爸打算提前退休。

"由于……所以/因此……(Due to..., so/therefore...)" is a causal complex sentence. One clause provides a reason or premise, and the other derives a conclusion from it. The conclusion is a subjective judgment and may not necessarily reflect objective fact. Example: Due to poor health, my father plans to retire early.

（1）由于天气不好，所以今天我们没有去郊游。

（2）由于他努力学习，因此考试取得了好成绩。

（3）由于时间紧迫，所以我们需要加快工作进度。

*注：英语中due to与so/therefore不连用，此处翻译仅为帮助理解。

练习
Practices

1. 正确朗读下列句子。Read the following sentences correctly.

（1）正式入职前，你需要学习一些相关的公司制度。

（2）我需要学习哪些方面的公司制度呢？

（3）只有把公司制度牢记在心，才能安全生产。

（4）上个月你迟到三次，早退了两次。

（5）由于你违反了第七条规定，所以现在对你做出罚款五百元的决定。

（6）我会加强学习，保证不会再犯类似的错误。

2. 画线部分替换练习。Please replace the underlined part with the content on the box.

（1）成龙，恭喜你通过面试。

吴娜娜   考核

约翰   测试

欧文   考试

（2）你需要学习设备基础管理制度。

自动化设备管理

考勤管理

事故管理

（3）你还需要重新学习公司<u>考勤管理</u>制度。

人事管理

照明管理

例会管理

（4）对不起，是我<u>个人</u>的原因。

家庭

公司

学校

（5）如果有什么不懂的地方，可以问问<u>吴娜娜</u>。

欧文

李华

成龙

（6）你违反了第<u>七</u>条规定。

八

五

九

3. 用课文一和课文二的结构，根据实际情况做替换对话练习。Use the structure of Text 1 and Text 2, do replacement dialogues according to the actual situation.

Company policies: Only by keeping them in mind can we ensure safe production

Text 1: In Li Wen's office

A: Cheng Long, congratulations on passing the interview!

B: Thank you.

A: Before officially joining the company, you'll need to familiarize yourself with some company policies.

B: OK, what specific aspects of the company policies should I focus on？

A: You need to learn about policies related to basic equipment management, regular equipment meetings, accident handling, and automated equipment management.

B: Where can I find these specific regulations?

A: All the company policies are in this employee handbook. Take it home and study it. Only by keeping the company policies in mind can we produce safely.

B: OK.

A: If you have any questions or run into anything you don't understand, feel free to ask Wu Nana.

B: OK, I'll make sure to study it carefully.

Text 2: In Li Wen's office

A: Wu Nana, have you seen your attendance sheet for last month?

B: Yes, I have.

A: You were late three times and left early twice last month. What's the reason for that?

B: I'm sorry, it was due to personal reasons.

A: According to the company's attendance management policy, you have violated Article 7, which states that employees are not allowed to be late or leave early for no reason. So, we'll be issuing a 500 yuan fine.

B: OK, I accept the penalty.

A: Additionally, you will need to review the company's attendance management policy.

B: Yes, I'll make sure to review it carefully and avoid making the same mistakes again.

A: Please be more mindful moving forward. You may go back to work now.

B: Alright.